Impressum:
Titel erschienen 11/2019
Goldstaub Verlag

Text: Mario von Cranach
Umschlag, Layout & Druck: Goldstaub Verlag
ISBN: 978-3-96200-332-6
€ 14,90

Von Menschen und Milben

Unnötige Geschichten und quasi-philosophische Betrachtungen

Mario von Cranach

INHALTSVERZEICHNIS:

1. Zur Einführung

„Wenn es Wirklichkeitssinn gibt, muss es auch Möglichkeitssinn geben."

Robert Musil

Liebe Leserinnen und Leser

Die folgenden kleinen Texte habe ich geschrieben, wenn und weil ich Lust dazu hatte, und aus keinem anderen Grund. Manchmal hakte sich einfach ein Wort in meinem Bewusstsein fest, bis ich wusste, was ich schreiben wollte, wie zum Beispiel bei der Suche nach einem bestimmten Artikel in der IKEA, als meine Frau Annelies frustriert sagte: „Das ist ja der reinste Orientierungslauf!"

Manchmal irritierte mich etwas an der öffentlichen Diskussion, wie zum Beispiel eine Reihe von Stellungnahmen überzeugter Wolfschützer, und ich dachte: Wenn es nun um den Säbelzahntiger ginge? Manchmal inspirierte mich ein Erlebnis, wie eine Ferienreise auf den nicht immer so gut erhaltenen Strassen Kalabriens oder, bei der Lektüre von Texten, die Häufung missverständlicher Abkürzungen.

Kurzum, die Muse küsst mich meist in Gestalt von Ereignissen, die wohl niemand ausser mir bemerkenswert findet, die aber meine Phantasie anregen. Eigentlich wollte ich diese kleine Sammlung deshalb „Dichtung und Wahrheit" nennen, das wäre ein passender Titel gewesen, aber so etwas gibt es anscheinend schon. Auch „Weltgeschichtliche Betrachtungen" ist, wie fast alle guten Titel, schon vergeben. Wie dem auch sei, ich schreibe jedenfalls weiter.

Aber ich muss, wie schon im Titel dieser kleinen Sammlung ausgedrückt, betonen, dass diese Geschichten und Betrachtungen keinerlei höhere Bedeutung beanspruchen; sie sind wirklich unnötig! Weder sollen sie zur Lösung irgendwelcher Weltprobleme beitragen, noch sind sie Literatur; es hat mir manchmal einfach Spass gemacht, so etwas zu schreiben, und vielleicht macht es ja auch manchen Leuten Spass, es zu lesen. Und diese Leser sollten vielleicht auch selbst einmal versuchen, festzuhalten, was in ihrem Kopf so alles entsteht. Denn das Unnötige wird eben manchmal auch zum Luxus, der uns erfreut.

Zum Schluss aber noch eine Empfehlung: Bitte überfordern Sie sich nicht, lesen Sie höchstens eine Geschichte pro Tag!

20.10.19

2. ZOL, der neue Sport

Emin Rasek war bis vor kurzem einer der bekanntesten Innerschweizer Orientierungsläufer. Bis vor drei Jahren verbrachte er seine Freizeit damit, mit einem Stück Papier in der Hand quer durch die Wälder zu eilen und äsendes Wild und verträumte Spaziergänger zu erschrecken. Jetzt ist das anders, er betreibt nun ZOL (engl.CO) – mehr noch, er hat es erfunden, er propagiert und organisiert als Präsident der ICOF diese neue Sportart und lizensiert die dazu erforderliche Ausrüstung („bringt mehr Geld, als selbst zu laufen ...“). Denn inzwischen gibt es internationale und nationale Verbände, Regelwerke, Wettkämpfe für die verschiedenen Leistungsklassen und ZOL-Zeitschriften am Kiosk. Und noch geben die Schweizer, ihren Anfangsvorteil ausnützend, im ZOL den Ton an.

Wie konnte sich dieser Sport in so kurzer Zeit zu dieser Blüte entwickeln? Alles begann damit, dass Emin immer weniger Lust hatte, mit schmerzenden Beinen durch Brennnesseln und Dornen zu springen. Findet nicht die reproduktive Tätigkeit des Geistes und Körpers mehr und mehr in der verdichteten Kultur urbaner Umgebungen statt? Wo gibt es noch Schwimmwettbewerbe in Bächen und Seen? Und klettert man nicht heute in der Halle, um die Widerwärtigkeiten echter Gebirge zu vermeiden? Als er dann einmal über einen übelnehmerischen Dachs stolperte, hatte er endgültig genug und zugleich die Idee, wie es im letzten Werbeprospekt heisst: „Den Orientierungslauf in urbaner Umgebung zu geniessen. Mit Kopf und Herz in den Zentren der Zivilisation sein Bestes zu geben, und zugleich für das Überleben in der modernen Welt zu trainieren: das ist ZOL.“ Der „Zivilisierte Orientierungslauf“ war geboren.

Jeder Sport erfordert seine passende Umgebung, die er dann im Kreislauf kultureller Evolution auch wieder prägt. ZOL erfordert *verwirrende Raumgestaltung* und *soziale Einbettung.* Er findet nicht in den menschenleeren Häuserschluchten nächtlicher Geschäftsviertel statt, sondern dort, wo reges Leben und Treiben möglichst vieler Menschen herrscht und der Puls des Lebens dicht und intensiv schlägt: Eine naive, schiebende drängende Menschenmenge ist ideal. Die Einsamkeit in der Menge wird zum Analogon der Einsamkeit des Waldes. Daher ist man wieder davon abgekommen, ZOL in den bürokratischen Labyrinthen moderner Behörden (man denke an Mani Matters „Ballade vo däm, wo vom Amt isch ufbotte gsi") zu veranstalten: Die intellektuelle und die körperliche Herausforderung waren gegeben, aber das atmosphärische Moment fehlte. Wesentlich zu dieser Erkenntnis hat Raseks zweiter Platz an der letzten *Trophée africaine* (damals lief er noch) im Suq von Algier beigetragen; ein Erfolg, an dem allerdings, wie Beobachter berichten, die Verfolgung des vermeintlichen Diebes durch einen aufgebrachten Kesselschmied wesentlichen Anteil hatte. Soziale Einbettung enthält zugleich die Forderung des *angepassten Habitus* (kurz AHA-Norm): Der Sportler soll in seinem Erscheinungsbild der sozialen Umgebung des Wettkampfortes möglichst entsprechen.

Diese soziale Einbettung des sportlichen Ereignisses hat wichtige Folgen: Erstens bringt sie die Doppelnatur der unbeteiligten Menge als Umgebung und Zuschauer hervor, was zugleich ein zahlenmässiges Überwiegen der Unbeteiligten bedingt. Der ZOL-Läufer, die ZOL-Läuferin bewegt sich in der Menge, um Mao Tse-tung zu zitieren: „wie ein Fisch im Wasser". Zweitens macht sie es schwierig, die Kosten der Veranstaltung durch Eintrittskarten zu decken. Hier hat man sich geholfen, indem man den wirtschaftsfreundlichen Grundgedanken moderner Sportausübung, nämlich das unbedingte und durch verbindliche Regeln gesicherte Erfordernis einer korrekten hochspezialisierten Bekleidung und

Ausrüstung, die zugleich möglichst viel mit anderer Sportbekleidung gemeinsam haben soll (der sog. *Synergie-Effekt*), weiterentwickelt hat. Tennissocken unterscheiden sich ja nicht grundsätzlich von anderen Socken, sollen aber doch auf dem Platz in ihrer einzigartigen Spezifität erkennbar sein; dabei machen Name und Label den grössten Teil des Unterschiedes aus. Unter der AHA-Norm bedeutet das nun, dass ausschliesslich ortsübliche Alltagskleidung, aber durch die Lizenz des ZOL-Verbandes geadelt und entsprechend diskret gekennzeichnet, zur Teilnahme an den Veranstaltungen berechtigt. Diese Vorschrift sichert die finanziellen Bedürfnisse der Veranstalter; sie hatte überdies erhebliche Unterstützungsleistungen der Bekleidungsindustrie zur Folge; erfolgreiche ZOL-LäuferInnen werden natürlich gesponsert. Und der erzieherische Wert der AHA-Norm ist nicht unbeachtlich, haben doch manche der ZOL-Teilnehmenden nie zuvor bedacht, dass man im Vatikan andere Kleider tragen sollte als am Timmendorfer Strand. Im Alltag wirft die AHA-Norm Fragen auf: Sind die eiligen, schwarz gekleideten Wall-Street-Banker wirklich das, was sie zu sein vorgeben?

Wer aber nun an verschiedenen Veranstaltungen teilnehmen will, braucht einen entsprechend grossen Fundus. Der damit verbundene finanzielle Aufwand droht ZOL zu einer exklusiven Sportart zu machen. Schon haben sich viele Golfer, von der sich abzeichnenden Wandlung ihres Spiels zum Massensport angewidert, dem ZOL zugewendet. Denn billiger als Polo ist es immer noch.

Gegen diesen Trend kämpft FOS, der schweizerische Verband, mit seiner beispielgebenden Jugendarbeit an, die auch jüngere Jahrgänge anzusprechen versucht. Ich hatte Gelegenheit, das letzte *Swiss Kids Orientation Challenge* zu beobachten, an dem 231 Kinder im Alter bis zu 12 Jahren teilnahmen. Es fand am Karfreitag in der IKEA Lyssach zur besten Einkaufszeit am Nachmittag statt. Die, was die Orientierung anbelangt, zwar durchaus anspruchsvolle, aber doch nicht allzu lange Rennstrecke musste zweimal durchmessen werden.

Dabei waren anstelle der Meldung bei (grundsätzlich aufwendigen) Streckenposten 7 spezifizierte Einkäufe im Gesamtwert von CHF 11.80 zu tätigen (IKEA bietet stets eine gute Auswahl an kleinen und billigen, dabei aber geschmackvollen und nützlichen Gegenständen an). Die Stimmung bei den sehr schnellen, wendigen und zielstrebigen Kindern war hervorragend, und das zahlreiche Publikum arbeitete grossartig mit; überall sah man, wie es beim ZOL sein muss, lachende, erstaunte oder vorwurfsvolle Gesichter. Meine Frau, auf deren Initiative diese Veranstaltung zurückging, war begeistert.

Eine organisatorische Panne gab es beim Einkauf Nr.4, dem Weinglas „Sven" zu CHF 2.85; der Vorrat ging vorzeitig zur Neige, aber die Wettkampfrichter waren weise genug, stattdessen auch „Busse" zu CHF 3.10 zu akzeptieren.

Auffallend war nur die offensichtliche Irritation des Verkaufspersonals. In ihren schmucken gelben T-Shirts gut kenntlich, standen Verkäuferinnen und Verkäufer diskutierend in Gruppen zusammen, versuchten manchmal einzugreifen (aber wogegen? Schliesslich wurde ja gekauft!) oder telefonierten mit ihren wohl ebenfalls ratlosen Vorgesetzten. Vielleicht sollte man erwägen, in solchen Fällen doch die für die Infrastruktur des Wettbewerbsgeländes verantwortlichen Instanzen vorher zu verständigen. Wie man hört, wird diese Neuerung, die freilich eine Regeländerung erfordern würde, im Hinblick auf die an Pfingsten im Louvre stattfindende Weltmeisterschaft im Vorstand der ICOF bereits diskutiert.

3. Vernetzte Zeiten

Wir sind im Jahr 2025. Die Besprechung, die diesmal auf dem Lande stattfand, ist Gott sei Dank zu Ende. Ich gehe zum Auto, natürlich ein Chinese, jüngster Import, ein *MAO 240*, gold-métallisé*;* wir nennen es auch „*Grosser Weiser Führer*" (abgekürzt GWF), denn weise ist es und gross genug auch. GWF blinkt, als ich mich nähere, die Fahrertür öffnet sich, wie immer seit ich mir einen Chip in den Bauch einpflanzen liess. (Leider reagiert GWF genauso, wenn Nachbars Pudel Bilou vorbeiläuft, der muss einen ähnlichen Chip erwischt haben, obwohl die Wahrscheinlichkeit dafür, sagen die Informatiker, geringer ist als 1 zu 10 Millionen.) Einen kurzen Augenblick bleibe ich noch stehen, denn ich sehe etwas Merkwürdiges: Auf der Bank dicht bei meinem Parkplatz sitzt ein junger Mann, vielleicht 17 Jahre alt, und er liest in einem B u c h ! Nun ja, es gibt immer wieder etwas zum Staunen.

Als ich mich auf dem Fahrersitz niederlasse, startet der Motor. Ich tippe den Code für „Home" ein, der Wagen rangiert selbsttätig aus der engen Parklücke und sucht sich fast geräuschlos seinen Weg. Ich lehne mich bequem zurück, drücke noch auf den Knopf für „Anmelden"; jetzt weiss Annelies, dass ich auf dem Weg bin, falls sie denn zu Hause ist. Friede im Gemüt schliesse ich die Augen. „*SAFER THAN ANY DRIVER*" steht ja in goldenen Buchstaben auf dem Armaturenbrett, und ich bin auch schon etwas älter.

Ich muss wirklich eingeschlafen sein, denn ich erwache, als jemand ans Fenster klopft. Es ist eine Polizistin, und da sind noch mehr Polizisten, und GWF steht, oh Schreck, auf dem Rasen vor dem Eingang der Polizeiwache. Verwirrt öffne ich die Tür und erwarte Schlimmes, doch die Frau ist ganz freundlich: „Sie sind heute

Nachmittag schon der Sechste“, sagt sie, „irgend so ein Spassvogel schickt sie alle genau hierher – da kommt schon der Nächste!“ Und ganz Freundin und Helferin hilft sie mir, mich in den Feierabendverkehr einzuordnen. Ich tippe wieder „Home“ ein, aber diesmal passe ich auf, und der Wagen bringt mich richtig in unsere Strasse und parkt ein.

A. ist noch nicht zu Hause, die Tür ist noch verschlossen. Hätte ich mir einen weiteren Chip einpflanzen lassen, würde sie sich jetzt von selbst öffnen, aber das ging mir zu weit; und wer kann schon sagen, ob die beiden Chips nicht miteinander kommunizieren, und wer weiss, was sie anstellen würden? In einigen Jahren sollen die Babys ja schon kurz nach der Geburt einen persönlichen Chip kriegen, der dann auf Dauer für alles gut ist. Aber was ist heute schon „auf Dauer“? Spätestens nach zwei Jahren wird doch wieder etwas noch Besseres auf den Markt kommen. Das Alte „entsorgen“ wir dann, und das Ganze nennen wir „Qualitatives Wachstum“.

Aber drinnen, in der Küche, empfängt mich glühende Hitze: Alle Herdplatten und der offenstehende Backofen sind auf die höchste Stufe geschaltet. Ich reisse das Fenster auf und versuche den Herd auszuschalten, es geht nicht, keine Reaktion. An die Zuleitung komme ich nicht heran. Es fällt mir nur ein, die Sicherung auszuschalten. Nun kann man nicht mehr kochen, aber wenigstens ist die Brandgefahr beseitigt.

Abends führen A. und ich ein langes, ernstes Gespräch und fassen einen Entschluss.

Anderntags bestelle ich die Firma „*RADICAL*" (die mit dem Slogan „*Wir kämpfen gegen elektronische Verschmutzung*"). Der Meister selbst kommt zwei Tage später. Ja, das „Internet der Dinge" sei doch ein wahres Paradies für Hacker, meint er, aber seine Firma lebe nicht schlecht davon; ein Glücksfall, dass er so schnell kommen konnte. Und nach 6 Stunden hat er die meisten Quellen selbsttätiger Gefahr, nun ein Haufen elektronischer Schrott, ausgebaut. Nur der Kühlschrank macht Probleme, die Armaturen sitzen tief in der Verkleidung, und ohne Zerstörung kommt man nicht heran. Aber er macht uns ein lockendes Angebot: „Ich habe noch eine Occasion im Lager, ein Modell aus dem Jahr 2000. Der macht nur, was SIE wollen." Und er fügt hinzu: „Vielleicht haben Sie ja gehört, bei Buchelis an der Breitenstrasse hat der Kühlschrank auf eigene Faust letzte Woche 36 Kilo Frischfutter bestellt – dabei haben sie gar keinen Hund!"

Freudig schlagen wir ein, und mit einer Rechnung von nur 3'560 Franken (inkl. Mehrwertsteuer) kommen wir noch ganz gut davon. Die elektronisch gesteuerten Wasserhähne müssen wir vom Installateur auswechseln lassen. Und bis der kommen kann (ist auch sehr beschäftigt), gut aufpassen, und jemand muss immer zu Hause sein.

Am Abend führen wir ein langes Gespräch. Ja, waren wir denn vor zwei Jahren von allen guten Geistern verlassen, uns das „Internet der Dinge" aufschwatzen zu lassen, das wir doch nie vermisst hatten? War das ein Vorzeichen beginnender Demenz? Dass die Nachrichtendienste nun immer wissen, was wir zu Abend essen, macht uns nichts aus – im Gegenteil, geschieht ihnen ganz recht, sich mit so etwas herumschlagen zu müssen. Bei NSA läuten wahrscheinlich alle Alarmglocken, wenn wir einmal Couscous essen, ist schliesslich arabisch. Aber wieder ein Stück Autonomie aufgeben?

Und wir konnten doch voraussehen, dass wir uns damit zur Zielscheibe mehr oder weniger böswilliger Manipulationen machten! Und je komplizierter, je mehr Sicherheitseinrichtungen, desto mehr Spass macht es, sie zu hacken.

Freilich, das liberale Leitmotiv unseres Jahrhunderts lautet ja: *Alles was gemacht werden kann, wird auch gemacht; und alles was gemacht wird, wird kommerzialisiert.* Und danach war nichts anderes zu erwarten. Die Grosskonzerne haben ihr Bestes getan, das Zeug zu verkaufen. Selten hat man eine so gut orchestrierte Werbekampagne erleben dürfen: Seit mehr als zehn Jahren sporadisch seriös anmutende Fachartikel, dann immer intensivere Werbung in allen Medien, von begeisterten Stellungnahmen in den Social Media, garniert mit vielen Likes (1000 Likes kosten in Korea CHF 3.50) und trendigen Fernsehspots für die Jüngeren über Tiergeschichten für Kinder („Jumbo am Küchenherd“), bis zu auf das ältere Publikum zielenden Merkversen wie: *„Dass der Braten stets gelinge, trau dem Internet der Dinge“*!

Es trifft ja zu, dass die Menschen mehr Freiraum gewonnen haben, seit sie nicht mehr selbst einkaufen, kochen, staubsaugen und Rasen mähen müssen, aber was machen sie damit? Richtig, sie haben nun mehr Zeit für sich selbst, etwa zum Malen und Gedichte schreiben. Aber die Ergebnisse sind, offen gesagt, überwiegend schrecklich, wenngleich unschädlich. Anstatt zu dichten sollten wir doch besser staubsaugen und Rasen mähen! Allerdings benutzen die meisten die gewonnene Zeit ohnehin nur dazu, sich zwei Stunden länger von ihrem Smartphone hypnotisieren zu lassen.

Heute jedenfalls wird Annelies kochen, und ich bin froh darüber, und auch dass es Bratwurst vom Metzger geben wird; die Würste, die ich selbst auf dem 3D-Drucker hergestellt habe, waren immer so merkwürdig ...

Und dann schauen wir Hand in Hand in den sinkenden Abend: Das melodische Surren der Drohnen verbreitet abendlichen Frieden, die tiefstehende Sonne vergoldet alles. *Grosser Weiser Führer* blinkt und macht die Fahrertür auf: Bilou läuft gerade vorbei.

P.S.: Die Zukunft hat schon begonnen! Der NZZ entnehme ich, dass Nissan erfolgreich an der Entwicklung von selbstfahrenden Pantoffeln arbeitet, die sich selbständig an ihren ordentlichen Platz zurückstellen. Sie sind vor allem für den Einsatz in Hotels gedacht. Über schwere Unfälle auf Hotelkorridoren sei bisher nicht berichtet worden.

4. Golf ist Gewissenssache

Tischrede für **Christian von Cranach,** zu seinem 75. Geburtstag gehalten von seinem Bruder Mario.

(Diesen Text habe ich hier eingefügt, weil er mir dem Geist nach zu den anderen Texten zu passen scheint. Vor allem Golfspielern zur Lektüre empfohlen. Nicht-Golfspieler sollten sich vielleicht erst durch Lektüre der einschlägigen Fachliteratur eine ausreichende Bildungsgrundlage verschaffen oder gleich zur nächsten Geschichte weitergehen.)

Lieber Christian

Dein Geburtstag liegt zwar schon ein paar Tage zurück, aber der heutige Anlass, die Gesellschaft von lieben Verwandten und Freunden bei gutem Essen an einem traditionellen Ort, gibt uns Gelegenheit, unsere Glückwünsche noch einmal zu wiederholen. Wir freuen uns, mit Dir feiern zu dürfen, wir sind froh, Dich so gesund und von den Jahren wenig verändert zu sehen, und wir bewundern Dich, wie Du es geschafft hast, in Deinem Leben ein Gleichgewicht zu finden und zu bewahren, das Dich jung erhält. Mach so weiter, und wir werden uns noch viele Jahre hier zu diesem Anlass zusammenfinden können.

Eines allerdings macht mir schon längere Zeit Sorgen; und heute habe ich, auch aus brüderlicher Verantwortung heraus, den Mut gefunden, frei zu sagen, was mich bedrückt, wenn ich an Dich denke: *Dein unglücklicher Hang zum Golfspiel,* einem der Laster unserer Zeit. Um diese Suchtkrankheit besser beurteilen zu können, habe ich nun auch die „Offiziellen *Golfregeln 1996*“ [1)] des *Österreichischen Golf-Verbandes* zu Rate gezogen – keine leichte Lektüre selbst für einen ehemaligen Schmalspur-Juristen wie mich, würde ich sagen.

Prinzipiell habe ich es immer für unangemessen gehalten, wenn ein immerhin Fünfundsiebzigjähriger sich in einen *Kampfsport mit Schlägern* einlässt. Offenbar schlägt man ja nicht direkt aufeinander ein: *„Niemand darf spielen, bevor die vorausgehenden Spieler ausser Reichweite sind“* [2)] – das gehört zur „Etikette“. Was mit den Nachfolgenden ist, wird allerdings nicht gesagt. Dass Leben und Gesundheit vor allem durch die unkontrolliert herumfliegenden, gefährlichen Bälle bedroht sind, kann man in unseren Zeitungen immer wieder in der Rubrik „Vermischtes“ nachlesen. Einmal ist sogar ein Spieler – ohne Schwimmweste natürlich – ertrunken, als er seinen Ball aus einem jener tückischen Tümpel fischen wollte, welche die Spielwiesen durchziehen. Denn Ihr verachtet es ja, Schutzkleidung zu tragen, wie sie doch sogar in sanfteren Sportarten wie etwa dem Eishockey üblich ist.

Es hat mich dann getröstet, dass immerhin *Bunker* im Spielfeld angelegt sind, in denen Du Deckung finden kannst. Selbst wenn die Etikette vom Spieler verlangt, *„Vor Verlassen eines Bunkers ... alle von ihm verursachten Unebenheiten und Fusspuren sorgfältig einzuebnen“* – diese kleine Mühe ist die Sicherheit wert.

Beruhigt hat mich früher auch, dass es auf dem Spielfeld ja auch *„Greenfee“* (warum immer diese Amerikanismen – sagen wir doch einfach „Grünvieh“) gibt. Ich finde es richtig, dass man die Tiere dort weiden lässt, selbst wenn es, wie ich aus manchen Bemerkungen geschlossen habe, etwas kostet; schliesslich können die schönen Wiesen so noch wirtschaftlich genutzt werden. Ich dachte mir also, dass Du beim Grünvieh Schutz suchen könntest, schliesslich würde doch niemand unschuldige Tiere gefährden – bis ich auf die *Regel 19-*

1, a. stiess: *„Kommt ein Ball in Bewegung nach einem anderswo als auf dem Grün gespielten Schlag in oder auf nicht zum Spiel Gehörigem zur Ruhe, das sich bewegt oder lebt, so muss der Spieler so nahe wie möglich der Stelle, wo sich das nicht zum Spiel Gehörige befand, als der Ball darin oder darauf zur Ruhe kam, den Ball in Gelände oder Hindernis fallen lassen, auf dem Grün hinlegen, und ...“* (weiter gehts mit *Absatz b.*). Die Schönheit der sprachlichen Formulierung, die übrigens das ganze Werk durchzieht, kann nicht über die Grausamkeit des Inhalts hinwegtäuschen (... das sich bewegt oder lebt ... darin (!) oder darauf zur Ruhe kam): Hier werden schwere Verletzungen der Tiere in Kauf genommen. Dazu kommt noch, dass der Schlag dann nach *Absatz b.* nicht gilt und *„der Ball zurückgelegt und der Schlag wiederholt“* werden muss – also noch mal drauf. *„Ausgenommen einen Wurm oder ein Insekt“* – dann gilt es. Wahrscheinlich nicht leicht, so einen Wurm zu treffen.

Es kommt noch schlimmer, denn die Anmerkung zu dieser Regel besagt: *„Ist das nicht zum Spiel Gehörige ein Mitbewerber oder dessen Caddie ...“* Also werden Menschen als *nicht zum Spiel Gehöriges* zu Sachen gemacht und von Bällen durchbohrt („*... darin ...“*!). Ich muss gestehen, dass ich schockiert bin! Für die Sicherheit gibt es lediglich eine *Ausnahmeregel: 17-3.: „Der Ball des Spielers darf nicht treffen ... b. den Caddie des Spielers, seinen Partner oder dessen Caddie, während sie den Flaggenstock bedienen ...“*. Ein vernünftiger Caddie oder Spieler wird also immer einen Flaggenstock bei sich führen.

Aber es wird noch brutaler: *Regel 1-2* ***Beeinflussung des Balles*** besagt: *„Kein Spieler oder Caddie darf irgendetwas unternehmen, um Lage oder Bewegung eines Balles zu beeinflussen, es sei denn in Übereinstimmung mit den Regeln“*. Eine Ausweichregel aber gibt es nicht, man darf dem Ball also nicht ausweichen, sondern muss sich treffen lassen (Au!), denn sonst beeinflusst man ja seine Bewegung. Daher also das „darauf oder darin“ der Regel 19-1.! Lediglich *Versehentliches Ablenken oder Aufhalten (Regel 19 – 3)* ist gestattet. Wer aber absichtlich ausweicht, kann nach der unerbittlichen Logik der Regel 1 – 3. mit *zwei Schlägen* bestraft werden. Wie also auch immer der *nicht zum Spiel gehörige Spieler oder Caddie* sich verhält, er bekommt etwas ab. Es ist nicht angegeben, ob diese Schläge mit dem Schläger verabreicht werden, aber nach dem ganzen Geist dieses Reglements ist es zu vermuten. [3)] Auch viele andere Regeln drohen Schläge als Strafe an – Prügelstrafen im 21. Jahrhundert, wo nicht einmal mehr Lehrer ihre Schüler schlagen dürfen! Es wäre dringend nötig, dieses Regelwerk dem Europäischen Gerichtshof für Menschenrechte zur Beurteilung vorzulegen.

Lieber Christian, aber auch liebe Mitbetroffene, denn in unserer Runde halten sich ja noch mehr Golfspieler auf: Ich verstehe Euch ja. Heute ist es weit verbreitet, Leben und Gesundheit in Risikosportarten aufs Spiel zu setzen, um am Kitzel des Adrenalinstosses zu erfahren, dass man noch lebt. Aber es gibt so vieles, was man zu diesem Zweck tun kann, ohne andere zu schädigen: Bungee-Jumping, Zugsurfen, Extremskifahren durch die Eigennordwand oder einfach mit der Frau oder Freundin streiten. Grausamkeiten gegen Menschen und Tiere auszuüben, das geht weit darüber hinaus. Darum meine ich, dass Golf Gewissenssache ist, und darum schliesse ich mit der Bitte: *Bedenkt, was Ihr tut.*

Anmerkungen:

1) Ob dieses kleine grüne Büchlein mit jenem identisch ist, das Libyens Mohammed Gaddafi in den Siebzigerjahren millionenfach an seine Anhänger verteilen liess, konnte ich noch nicht abklären.

2) Die hier angeführte „Reichweite“ dürfte angesichts der Kürze der

Schläger, auch bei Berücksichtigung unterschiedlicher Armlängen, kaum mehr als 3 Meter betragen.

3) Natürlich würden auch weniger schwer Verletzte dieses „Spiel“ nicht lange durchhalten. Für die notwendigen Erholungspausen ist dadurch gesorgt, dass die Spieler die Regeln nach jeder Unklarheit (und die gibt es ständig!) gemeinsam durchlesen.[4)] Da Regeln aufeinander verweisen und zahlreiche Rückverweise enthalten, (vgl. *Regel 19-1.: „... so gilt für den Mitbewerber Regel 1-2“*), fängt man immer wieder von vorne an. Golfpartien können daher stundenlang andauern.

4) Das gemeinsame Lesen der Regeln geschieht in einem monotonen Singsang, der deutlich auf den frühkeltischen Ursprung dieses Ritus verweist. Er erzielt eine hypnotische Wirkung, schafft Gruppenidentität und dürfte so zu der bekannten sektenhaften Geisteshaltung der Golfer beitragen, die den Umgang mit ihnen uns Aussenstehenden oft so schwer erträglich macht.

Dieser Ritus ist aber auch eindrucksvoll und kann den Geist gefangen nehmen, wie ich an mir selbst erfuhr, als mir kürzlich am Rande eines Golfplatzes der Wind den Gesang mehrerer vermischter, respondierender Chöre zuwehte, etwa so: „Im Lochspiel wird lochweise gespielt sofern die Regeln nichts anderes bestimmen gewinnt ein Loch diejenige Partei die mit weniger Schlägen ihren Ball einlocht im Vorgabenspiel zählt das niedrigere Netto des Lochs das Lochspiel wird nach den Begriffen so viel Löcher auf gleich all square und so viel Löcher zu spielen gerechnet eine Partei ist dormie wenn sie so viel Löcher auf ist wie noch zu spielen sind ... “ – darauf die Antwort: „Getragen oder mitgeführt wird ausgenommen jeglicher Ball den er an dem zu spielenden Loch gespielt hat und jeglicher kleine Gegenstand wie Münze oder Tee wenn er benutzt worden ist um die Lage eines Balles oder die Ausdehnung einer Fläche wo ein Ball fallengelassen werden muss zu kennzeichnen“ - und wieder: „Ein Spieler hat den Ball angesprochen sobald er Standposition bezogen und auch den Schläger aufgesetzt hat ausgenommen in einem

Hindernis wo ein Spieler den Ball mit Beziehen der Standposition angesprochen hat Standposition beziehen heisst dass ein Spieler für einen und zur Vorbereitung auf einen Schlag die Füsse in Stellung bringt …“

Das ist Lyrik in reinster Form und macht den Golfgesang, unabhängig von seiner Verwendung in einem fragwürdigen Spiel, zum europäischen Kulturgut. Man kann nur hoffen, dass künftige Generationen von Golfern, etwa nach dem Vorbild mancher Schützenvereine, das eigentliche Spiel aufgeben und sich ganz dem Gesang und der Geselligkeit widmen werden. Das wird auch viel billiger.

5. Bargeld lacht

Sie (aus dem Lagerraum kommend): Du, im Radio haben sie heute Mittag gesagt, sie wollen uns das Geld wegnehmen.

Er (hinter dem Ladentisch): Das machen sie doch schon die ganze Zeit. Wenn ich an die letzte Steuerrechnung denke ...

Sie: Nein, nicht so ... doch, so auch, sowieso, aber sie wollen das Geld, das man anfassen kann, Scheine und Münzen, ganz abschaffen.

Er: Wie soll das gehen? Kann ich mir nicht vorstellen.

Sie: Dann gibt es eben nur noch elcktronisches Geld, auf dem Compi und so ... Und Alle zahlen nur noch mit der Karte. Das soll praktisch sein, sagt der Boeu ... Boeuf ... so ein ähnlicher Name. Und die Deutschen wollen das auch.

Er: Wer soll denn das sein?

Sie: So ein deutscher Weiser.

Er: Schöne Weisheit! Aber die Deutschen können das schon machen, der Euro ist ja sowieso nichts mehr wert.

Sie: Und die Schweden machen es schon.

Er: Die sind doch sonst so vernünftig! Denk mal an Sven – kann ich mir gar nicht vorstellen, dass der das will. Und vor allem im Geschäft – das dauert ja doppelt so lange! Wenn ich an Fräulein Tattersal denke: Wie sie tiefsinnig in ihre Handtasche schaut …

Sie: ... wie der Kater ins Mauseloch ...

Er: ... und dann langsam hineingreift ...

Sie: ... Vorsicht, könnte ja plötzlich zuschnappen!

Er: Und dann langsam die Brille herausangelt und aufsetzt …

Sie: ... und dann ihr altes Portmonee herausholt ...

Er: ... dann sagt sie „das ist nämlich Schlangenleder“ ...

Sie: Jedes Mal, seit sie hier wohnt ...

Er: ... das müssen gut fünfzehn Jahre sein …

Sie: …nein, zwanzig.

Er: Und dann schiebt sie die Karte ein, zweimal falsch, dann richtig, und dann sagt sie: „Fällt mir doch gerade die Nummer nicht ein.“

Sie: Und dann schaut sie wieder in die Tasche, bis sie das Notizbuch herausgeangelt hat ... Dann sagt sie: „Hat mir nämlich mein Enkel beigebracht, wie man das macht ...“

Er: ... der Schlingel!

Sie: Das ist sicher einer von diesen Hackern. Dagegen können selbst die Amis nichts machen, und unsere Regierung schon gar nicht.

Er: Inzwischen wird Herr Rostopp, der nach ihr dran ist, halb verrückt ...

Sie: ... und tritt immer von einem Bein auf das andere, als ob er mal muss.

Er: Also ernsthaft, die elektronische Zahlerei ist doch jetzt schon eine Plage!

Sie: Und dann merken die Leute ja auch gar nicht mehr, wenn sie Geld ausgeben!

Er: Viele wissen schon heute nicht mehr, wie viel Geld sie eigentlich haben ...

Sie: ... wie w e n i g, meinst du.

Beide: Also nein, das können sie nicht machen!

Er: Du, es ist sieben, lass uns schliessen ...

Sie: ... und Kasse machen! *(Sie öffnet die Ladenkasse)* Ist doch richtig schön, wenn man das Geld in die Hand nehmen und nachzählen kann. Kitzelt beinahe im Bauch. Obwohl, kompliziert ist es auch.

Er: Das Komplizierte ist eben manchmal das Schöne.

Sie: Jetzt wird's mehr psychologisch *(beide lachen).*

Er: Jedenfalls, Bargeld lacht!

6. IPQAW an der PHF der UBE eröffnet

(Berichtet von Mario von Cranach in der Zeitung „Der Bund" vom 1.4.2025.) Gewisse Abkürzungen werden als einmaliger Service für die Leserschaft im Glossar erläutert).

In einer stimmungsvollen, von Gefühlen der Hoffnung getragenen Feierstunde in Anwesenheit zahlreicher WPP eröffnete EDN RRN *Windbald* im Rahmen des festlich begangenen TDU (auch DA genannt) im Namen der RRKBE das IVPQAW. Sie dankte den universitären Gremien für ihren Einsatz und der BEKB für den grossen finanziellen Beitrag, der die Gründung mit gleich drei Abteilungen ermöglicht habe. Nach dem erst letztes Jahr etablierten Studienfach für MC beweise die UBE erneut, dass sie nicht länger im Elfenbeinturm vor sich hinbrüte, sondern sich voll in den Dienst der Allgemeinheit zu stellen gewillt sei.

Mit Beethovens ersten 15 Diabelli-Variationen leitete der spanische Pianist *Enrique Murillo* zum 2. Teil der Feier – „Informationen über das neue Institut" – über. R *Grandtête* wies in einer prägnanten, wenngleich bemerkenswert abkürzungsarmen Ansprache darauf hin, dass die Vorbereitungsarbeiten in nur knapp zehn Jahren abgeschlossen werden konnten; ein Schweizer Rekord, und das sei vor allem auch auf die konsequente Verwendung von A im schriftlichen und mündlichen Verkehr zurückzuführen. Als Ö glaube er an Effizienz! Sprache müsse als ökonomisches Gut effizient bewirtschaftet werden. Solange die Korfsche Brille noch nicht in Massenproduktion gegangen sei, seien A in einer digitalisierten Welt eine absolute Notwendigkeit. SMS und Twitter bewiesen es: Kürzer kommunizieren heisse mehr und besser kommunizieren. Ein hervorragendes Beispiel aus der jüngeren Geschichte, und noch dazu aus unserem Bern, sei die NUGAPEK: Ihr Erfolg sei sicher auch auf ihren prägnanten Kurznamen zurückzuführen, der ja ausserdem angenehme Assoziationen an einen Schokoriegel auslöse. So sollte man es machen! Aber immer noch vegetierten viele, besonders ältere Menschen aus BFS, in unserem Land abkürzungsblind vor sich hin; das begünstige eine A-arme Kommunikation. Hier bestünde unbestreitbar dringender SB! Damit übergab er das Wort an den Dekan der Phil.-hist. Fakultät.

Prof. *Feger* entschuldigte sich zunächst für die überlange, inzwischen überholte A seiner Institution, sie heisse seit der letzten Sitzung nun einfach PHF (bitte nicht verwechseln mit *Polyhydroxyfettsäuren*). Aber nun zur Sache: Es sei wissenschaftlich nachgewiesen, dass A gesund sei. Mit bildgebenden Verfahren hätten neurowissenschaftliche Studien gezeigt, dass insbesondere das Dekodieren ungeläufiger A zu einer besseren Durchblutung der präfrontalen A-Zentren führe. Studien an der Universität von *Bulawayo* an Sprechern verschiedener Varianten des *Khoi-Khoi* – einmal *Khoi* müsste eigentlich auch genügen –, die zurzeit in anderen Sprachgebieten repliziert würden, hätten die gesundheitsfördernde Wirkung von A nachgewiesen. Die in jahrhundertelanger Erfahrung gründende Volksweisheit „Wer lang A, lebt lang" habe einen guten Sinn.

Sprache effizient zu bewirtschaften sei heute nur im internationalen Rahmen denkbar, wie auch das jüngste MPWBBM der EU betone. Aber genau hier liege ein Problem: Sinn und Bedeutung und – ja, man dürfe es ruhig sagen – die Eleganz einer guten A erschliesse sich nicht leicht über kulturelle Grenzen hinweg. So bedeute FUCK nicht nur, was die geschätzten Anwesenden jetzt gerade dächten, sondern vor allem *„First Unitarian Church of Kentucky"*. Die strukturelle Ähnlichkeit vieler A mit flw könne eben zu Missverständnissen führen. Oder: Könne man von einem Chinesen erwarten, dass er QUIMS auf Anhieb verstehe, so vertraut ihm das Klangbild auch erscheinen möge? Würde er nicht in seinem Gedächtnis nach dem Namen einer historischen Kaiserdynastie suchen, anstatt an das Offensichtliche, nämlich *„Qualität in multikulturellen Schulen"* zu denken – wenn wir die vulgärenglische Bedeutung hier einmal beiseitelassen wollten? (Hier Zwischenruf „Googeln!" aus dem Publikum.)

Die Schweiz sei durch ihre Vielsprachigkeit besonders A-begünstigt. Für die *„Schweizerische Konferenz der kantonalen Erziehungsdirektoren"* gäbe es in der viersprachigen Schweiz natürlich auch vier A, nämlich EDK, CDIP, CDPE und KDEP. Das *„Eidgenössische Fähigkeitszeugnis"* heisse je nach Sprachgebiet EFZ, CFC – (nicht zu verwechseln mit dem *Cannstätter Fussballclub*), AFDC *oder* AFDQ, sein Gegenbegriff *„Eidgenössisches Berufsattest"* EBA, AFFP oder CFFP: Im rätoromanischen Sprachbereich gäbe es hier noch A-Bedarf. Allerdings werde die Vermittlung unseres vorbildlichen DBBS an lernwillige PBL durch diese an sich wünschbare A-Vielfalt nicht gerade erleichtert. Der BB, das stimme hoffnungsvoll, sei ein Hort hochstehender A, aber die latente Gefahr von Verwechslungen, z.B. SUK (*Schweizerische Hochschulkonferenz)* mit SUHK *(Sach-, Unfall-, Haftpflicht und Kraftfahrtbestand)* und SUQ *(Geschäftsviertel arabischer Städte)* nehme mit steigender Zahl gebrauchter A zu und erfordere geeignete Massnahmen. Wer BÜPF für ein Spiel für Kindergärtler, MUKEN für blutsaugende Insekten halte, werde im Verwaltungsbereich kaum weit kommen! AIRBNB sei kein Luftfahrtunternehmen, sondern vermittle billige Privatunterkünfte.

Ein weiteres Problem liege darin, dass sich in verschiedenen Kontexten oft verschiedene Bedeutungen für die gleiche A entwickelt hätten. HIV sei nicht nur eine schlimme Diagnose, sondern auch der Handels- und Industrieverein des Kantons Bern. *Wikipedia* liste allein für PID mehr als zwanzig verschiedene Bedeutungen auf! Hier müsste man das Gemeinte aus dem Kontext erschliessen – wenn die ER die ethische Problematik von PID diskutierten, sei wahrscheinlich die *Präimplantationsdiagnostik*, wohl kaum aber der *Photoionisationsdetektor* gemeint. Diese kognitive Leistung sei wohl der fluiden Intelligenz förderlich – aber wegen all dieser Probleme könne die QUAF allein heute nicht mehr genügen.

Schon 1859 sei Bern der wissenschaftlichen Welt vorausgeeilt, als für *Moritz Lazarus* die weltweit erste Professur für Psychologie, in diesem Fall Völkerpsychologie, geschaffen wurde. Und nun verfüge Bern schon wieder über das weltweit erste wissenschaftliche Institut, das sich der vergleichenden Erforschung des international rapid wachsenden A-Wesens und der Ausbildung von A-Fachleuten widme. Mit den Abteilungen für ASÖ, AVAK und AAP sei das Institut für den Beginn gut ausgestattet; mit den Proff. *Korzfleisch, Sing* (bekannt durch das bisher in 16 Bänden erschienene EUALEX) *und Corte* sei es gelungen, für deren Leitung Spezialisten von internationalem Rang zu gewinnen. Bei der Einrichtung einer ANAB dürfe man auf die baldige Hilfe der PI hoffen.

Abschliessend wünschte Prof. *Feger* der Leitung des neuen Instituts viel Kraft, um die zu erwartenden Anstrengungen zu bewältigen. Er wisse aus eigener Erfahrung, was der Auf- und Ausbau einer akademischen Institution bedeute, das von ihm seit 20 Jahren geleitete IEOK sei in dieser Zeit um 1 ½ Planstellen gewachsen.

IDAI *Korzfleisch* berichtete abschliessend über die künftigen Tätigkeiten des IVPQAW. Abkürzungsforscher und -historiker, Sprachwissenschaftler, Sprachökonomen und Informatiker aus vielen Ländern würden hier in Zukunft zusammenwirken. Hermeneutik, Syntax, Systematik und Pragmatik, immer im interkulturellen Vergleich, stünden dabei in Vordergrund, und der Wissenschaft werde sich ein neues Feld erschliessen. Der Forschungsbedarf sei immer noch gewaltig: Warum, um nur ein Beispiel von vielen zu geben, beschränke sich der A-Gebrauch weitgehend auf Substantive, während A bei Verben sehr selten seien?

Aber auch die Praxis werde nicht vergessen werden: A-Lehre werde bald zu einem festen Bestandteil der Lehrerbildung, später, wenn genügend Fachkräfte ausgebildet seien, auch einmal zu einem Schulfach werden; selbstverständlich werde man dabei modernste Erkenntnisse der Hirnforschung ebenso wie bewährte Inhalte traditioneller Erfahrungslehren einbeziehen. Auch um den offensichtlichen sprachökonomischen Bedarf in der Politik (Unruhe bei den anwesenden Parlamentariern) werde man sich kümmern. Und die Beratung A-Williger sei erste Verpflichtung.

Mit der Ankündigung der Gründung der *USA* schloss IDAI *Korzfleisch* seine mit Beifall belohnte Rede. Man werde bald mehr von dieser internationalen Vereinigung hören: Quasi als Start-up habe sie einen Preis für den ersten grösseren Text ausgesetzt, der nur aus A bestehe!

Mit der Wiedergabe der restlichen 16 Diabelli-Variationen – die Themen nur als Kurzzitate mit 3 Noten angedeutet – beendete *Enrique Murillo* den feierlichen Anlass. Der Zeitgewinn gegenüber dem einleitend gespielten Teil war eklatant.

Glossar:

IVPQAW – *„Institut für vergleichend pragmatisch-qualitative Abkürzungswissenschaften"*; PHF – *Philosophisch-historische Fakultät;* UBE – *Universität* Bern; WPP – *wissenschaftliche und politische Prominenz*; EDN RRN – *Erziehungsdirektorin Regierungsrätin*; TDU – Tag der Universität; RRKBE – Regierungsrat des Kantons Bern; BEKB – *Berner Kantonalbank;* MC – *Managerchinesisch*; R – *Rektor;* A – *Abkürzung(-en) bzw. abkürzen;* Ö – *Ökonom;* NUGAPEK – *„Neues Universitätsgesetz ausserparlamentarische Expertenkommission"*; BFS – *Bildungsferne Schichten*; SB – *Sanierungsbedarf;* MPWBBM – *Massnahmenpaket für einen webbasierten Binnenmarkt;* EU – *Europäische Union*; flw –

four-letter-words; DBBS – *Duales Berufsbildungssystem;* PBL - *Politiker befreundeter Länder* ; BB – *Bildungsbereich;* BÜPF – Bundesgesetz für die Überwachung des Post- und Fernmeldeverkehrs; MUKEN – Mustervereinbarung der Kantone; AIRBNB – Airbedandbreakfast; ER – Eidgenössische Räte; QUAF – Qualitative Abkürzungsforschung; ASÖ – Sprachökonomik; AVAK – *Abteilung für Vergleichende A-Forschung*; AAP – *Abteilung für A-Pädagogik*; EUALEX – *Europäisches Abkürzungslexikon*; ANAB – *Abteilung für Neuroabbreviation*; PI – *Pharma-Industrie*; IEOK – *Institut für etruskische Ofenbaukunde*; IDAI – *Institutsdirektor ad Interim*; *USA – Universal Society for Abbreviation.*

7. Wie Moder „geschöpft“ wird

In meiner Kindheit kam manchmal ein Scherenschleifer auf den Hof, der mit lauten Rufen seine Dienste anbot. Auf seinem Schleifstein sass ein kleiner Affe, der mit einer leuchtend grünen Jacke bekleidet war. Sie war kurz, die Ärmel reichten nicht bis zu den Handgelenken, und er trug sie offen, denn sie war sehr eng. Hosen hatte er nicht. Insgesamt wurde das Ereignis allgemein als interessante Bereicherung des Dorflebens geschätzt.

Neulich wollte ich mir eine neue Jacke kaufen. Ich trage sie gern bequem, lang und weit. Aber zu meiner Frustration musste ich feststellen, dass man diesen Sommer nur kurze und enge Jacken mit Ärmeln, die weit über dem Handgelenk enden, kaufen kann. Bei den Schaufensterpuppen sind sie nicht zugeknöpft, wahrscheinlich weil das überhaupt nicht geht. Diese Mode, das war mein erster Eindruck, war von der Jacke des Affen auf dem Schleifstein inspiriert! Wenngleich auch ein kleiner Unterschied besteht: Hosen trägt man dazu immer noch. Wie kommt es zu solchen Entwicklungen der Mode? Ich beschloss, der Sache auf den Grund zu gehen. Hier berichte ich über das Ergebnis meiner Recherchen.

Zunächst einmal studierte ich, wie als Wissenschaftler gewohnt, die Literatur. Brockhaus sagt: *Mode (die) ist der sich wandelnde Geschmack, besonders im Hinblick auf die Art, sich zu kleiden.* Diese Aussage ist offensichtlich wenigstens in grossen Zügen begründet: Würde ich mich anziehen wie zu Goethes Zeiten, käme ich mir *verkleidet* vor, mein Geschmack hat sich demgegenüber deutlich gewandelt. Aber wieso „wandelt sich der Geschmack" anscheinend ständig, und warum schlägt er zu einem gegebenen Zeitpunkt eine bestimmte Richtung, gerade diese und keine andere, ein? Und was ist der heutige Zeitgeschmack?

Bei meinem letzten Coiffeur-Besuch las ich in *Leute von Heute* (lese ich nur dort): „Der korrekt gekleidete moderne Mann trägt diesen Sommer auf einen Knopf zu schliessendes, aber stets offen zu tragendes enges kurzes Sakko, dazu eng geschnittene Hosen, die 1 ½ Handbreit über den Schuhen enden, in den aktuellen Farben Lila, Altrosa, Mauve oder Hellgrün, dazu unter der weissen Weste ein schwarz-violett kariertes Hemd und eine breite Krawatte in Farbe des Beinkleids. Die Schuhe sind weiss oder gelb; sie können mit Blumenmustern verziert sein und werden immer ohne Socken getragen. Dazu ein sehr kleiner weisser oder gelber Strohhut." Ja, jetzt fällt mir auf, dass ich in letzter Zeit in der Stadt häufig so ähnlich gekleidete Leute gesehen habe; ich dachte mir, da müsste wohl gerade ein Schausteller-Kongress stattfinden. Nicht einmal für viel Geld würde ich mich so anziehen, lieber liesse ich mir einen Adler auf die linke Popobacke tätowieren und die Haare grün färben, was ja auch Mode ist! Also bin ich nicht korrekt gekleidet im Sinne der Mode dieses Sommers.

Nun versuchte ich herauszufinden, wie es zu dieser modischen Entwicklung kam, und ich wurde tatsächlich fündig: *Ernesto Bossi,* Kaufmann in Triest, dachte eines Sonntagnachmittags im Kreis seiner Familie in seinem Wohnzimmer in trüber Stimmung darüber nach, wie er seiner serbelnden Kleiderfabrik auf die Beine helfen könnte. Auf dem Teppich spielte seine fünfjährige Tochter mit ihrer Freundin, und zwar versuchten sie, die Kleider ihrer Puppen zu tauschen. "Das passt ja gar nicht, viel zu klein", rief Angelina. "Aber die Farben sind schön grauslich", antwortete Roberta. "Kinder, so kann man doch niemanden anziehen, nicht einmal eine Puppe", meinte die Mutter. Tatsächlich! Und da traf Bossi wie ein Blitz der Gedanke, wie er später dem Reporter von "*Il mondo moderno*" anvertraute: Damit gehe ich im Mai auf die Mode-Messe in Mailand. Zunächst aber besprach er sich mit seinem Compagnon, und der war begeistert: „Natürlich, wir machen es wie Bocuse! Kleinere Portionen und dafür höhere Preise!“

Gesagt, getan. Und dann kam es, wie es wohl häufig kommt: Die Konkurrenten brachten Ähnliches wie gestern, nur an seinem Stand gab es Neues zu sehen; die Reporter begannen Fotos zu schiessen, die Modejournalisten schrieben Artikel über "die modische Idee dieses Sommers“, schon entwickelte der Publizitätsrummel seine Eigendynamik, und damit kam die Lawine der Bestellungen ins Rollen – kurzum, der durchschlagende Erfolg gab ihm recht.

Und damit komme ich zu meiner persönlichen Definition von Mode*: Mode (die) heisst, dass ein Mensch, den ich nicht kenne und der mich nicht kennt, aufgrund einer aus nichtigem Anlass entstandenen Idee bestimmt, was ich diesen Sommer für Hosen tragen soll – damit er mehr Geld verdient.*

Übrigens, ich weiss jetzt endlich warum die Mannequins auf den Plakaten immer so böse dreinschauen: Sie haben Hunger! Frau Schmid im Kiosk, wo ich meine Zeitungen kaufe, hat es mir erklärt.

PS: Nachdem ich in Apt, in der Provence, *Maria Maurer* kennengelernt habe, kann ich meine persönliche Definition der Mode so nicht stehen lassen. Sie betreibt ein kleines Modeatelier, in welchem sie Kleider entwirft und auch selbst schneidert, meist in geringer Stückzahl und aus besonders ausgesuchten Stoffen; ihre Kundinnen scheinen meist nicht mehr ganz jung und nicht unbedingt mit Ideal-Figuren begabt zu sein. Dabei folgt sie ihren Vorstellungen von dem, was schön ist und ihren Kundinnen wirklich gut steht, und gibt nicht viel auf die gerade vorherrschenden Trends der grossen Mode. *Maria* sieht in der Herstellung schöner Kleider den Sinn und die Erfüllung ihres Lebens. Auch das kann Mode also bedeuten.

8. Die Verwaltung der Schlaglöcher

Wer unsere Landesgrenzen in südlicher Richtung überschreitet, wird bald einmal feststellen, dass sich die Strassenoberfläche unvorteilhaft verändert, und das wird umso fühlbarer, je weiter man nach Süden vordringt. Ganz im Süden sind die Landstrassen (von den Autobahnen abgesehen) mit Löchern verschiedener Sichtbarkeit, Form, Tiefe und Gemeinheit versehen, in denen man problemlos Hunde jeder Grösse, vom Pekinesen bis zum Bernhardiner, begraben könnte. Wer nun, wie es nahe liegt, zuerst glaubt, dies sei eine von einer fürsorglichen Behörde bewusst installierte, verkehrsberuhigende Massnahme, wird bald eines besseren belehrt: Die Einheimischen kennen jedes dieser Löcher und setzen ihren Ehrgeiz darein, sie möglichst schnell und elegant zu umfahren, ein Sport, der eine deutliche Verwandtschaft mit dem Freestyle-Slalom auf den sogenannten Buckelpisten aufweist.

Der um die Gesundheit seiner Wirbelsäule besorgte, unbeholfen und langsam dahinkriechende Ausländer, hinter sich eine wachsende Schlange genervt hupender Strassensportler, könnte glauben, die Italiener seien zwar Meister im Strassenbau, weniger aber in deren Erhaltung. Und das ist falsch: Diese Pisten haben einmal die im Risorgimento so schwer erkämpfte Einheit des Landes gefährdet, sie sind das tragische Ergebnis der staatspolitischen Weisheit und verwaltungstechnischen Perfektion, mit der diese Staatskrise gelöst wurde.

Blicken wir zurück: Die Italiener, von jeher ein Volk von Autofahrern, stürzten sich mit Begeisterung in die Freuden der Motorisierung, als sich das Land von den Folgen des Zweiten Weltkriegs erholte.

Aber Kriegsereignisse und Finanzierungsprobleme hatten den Strassen zugesetzt. Die Politiker der 20 Regionen, 92 Provinzen und

14 Metropolitan-Städte strebten danach, ihre Wähler durch Sanierungsmassnahmen an sich zu binden. Der gesunde Wettbewerb zwischen den Landesteilen entwickelte sich zu einem gehässigen Kleinkrieg um staatliche Mittel, der auf politischer ebenso wie auf persönlicher Ebene geführt wurde. Anschuldigungen und Verdächtigungen füllten die Seiten der lokalen und nationalen Zeitungen, Demonstrationen und Protestkundgebungen legten zunehmend das öffentliche Leben und Intrigen die parlamentarische Arbeit lahm, Forderungen nach Autonomie und sogar Ablösung wurden in verschiedenen Landesteilen laut.

In dieser Situation ergriff der greise Präsident *Fagantini* (wohin käme Italien ohne seine Staatspräsidenten?) die Initiative. In einer 22-stündigen Sitzung, die uns Respekt abverlangt, rang er dem Ministerpräsidenten und den Provinzialregierungen die Zustimmung zu einem Moratorium ab: Bis zur Installation von Massnahmen zur gerechten Verteilung der zur Reparatur vorgesehenen Gelder sollte das Problem auf Eis gelegt werden. Und dort liegt es noch heute.

Wie das möglich ist? Der Regierung kann man keinen Vorwurf machen, sie tat, was Regierungen in solchen Fällen tun können: Ausschüsse und Kommissionen wurden gebildet, Fachgutachten eingeholt, Entwürfe in Vernehmlassungen geschickt und Gesetzesvorlagen dem Parlament vorgelegt. Schon nach fünf Jahren stimmte das Parlament zum ersten Mal darüber ab. Nach zwei weiteren Runden war es dann soweit: Am 26. Oktober 1962 trat das „Gesetz über die gerechte Verteilung von Unterhaltsbeiträgen für nicht der nationalen Verwaltung unterstellte Strassen“, kurz *Strassenerhaltungsgesetz* genannt, in Kraft. In bemerkenswerter Kürze formulierte es die Zielsetzung, eben die gerechte Verteilung der Mittel an Regionen und Provinzen, beschloss zu diesem Zweck die Errichtung eines dem Finanzministerium unterstellten *Strassenerhaltungsamtes* und etablierte den zur Durchführung erforderlichen *Strassenerhaltungsfonds*. Mit Aufbau und Leitung des Amtes wurde Prof. *Fernando Cassani* betraut, damals Inhaber einer

Professur für Tiefbau an der *Politecnica di Milano*, dessen fachliche und persönliche Eignung und Integrität auch von jenen nicht in Zweifel gezogen wurde, die gegen die Berufung eines Aussenstehenden in dieses wichtige Verwaltungsamt Stellung bezogen. *Cassani,* obwohl verwaltungstechnischer Laie, wusste, dass Ämter gelegentlich neu geschaffen, kaum je aber wieder abgeschafft werden, er also quasi für eine kleine Ewigkeit arbeitete; umso sorgfältiger ging er vor.

Zunächst einmal musste es darum gehen, eine genauere Bestimmung der Aufgabe zu erarbeiten. Was heisst „gerechte Verteilung"? Die Philosophen unterscheiden zwischen austeilender und ausgleichender Gerechtigkeit; sollte man also allen gleich viel oder den Ärmeren mehr und den Reicheren weniger geben? Ein Hinweis im Gutachten des thailändischen Philosophen *Wan Tan* führte zur Einsicht, dass es auf das dem Gesetz zugrundeliegende Ziel, nämlich den Strassenzustand in gerechter Weise zu verbessern, ankam. Verbessern aber musste in erster Hinsicht heissen, die im Laufe von Jahrzehnten entstandenen Schäden zu beseitigen. Diese Schäden aber fanden ihren reinsten Ausdruck in den Löchern in der Strassenoberfläche. *Der jeweils aktuelle Ist-Zustand der Strassen, also die Art und Verteilung der Schlaglöcher*, musste erhoben werden, um künftig einen gerechten Soll-Zustand, nämlich „gleiche Schlaglöcher für alle", wie ein Slogan in den vorangegangenen Auseinandersetzungen es schon prägnant formuliert hatte, zu erreichen.

Italien besitzt aber ein umfangreiches Strassennetz mit Strassen verschiedenster Grösse und Bedeutung und mit unendlich vielen Löchern. Ihre korrekte Erfassung erschien unendlich kompliziert. „Unendlich", dieser Begriff, der in den Beratungen seines Stabes wiederholt fiel, brachte den naturwissenschaftlich gebildeten *Cassini* auf die entscheidende Idee:

Unter den Naturwissenschaften beschäftigt sich die Astronomie mit den Eigenschaften der Himmelskörper und ihrer Verteilung im unendlichen Raum. *Cassini* berief Astronomen in seinen Beraterstab, und diese, froh einmal etwas Praktisches tun zu können und so den Wert ihrer uralten Wissenschaft erneut zu beweisen, folgten seinem Ruf gern. Unter Anwendung der methodischen Errungenschaften dieser exakten Wissenschaft wurde in dreijähriger Arbeit ein Plan zur Erhebung der italienischen Schlaglöcher erarbeitet. Gleichzeitig gelang es auch, die zur Durchführung erforderliche Behörde in ihrer hochkomplexen lokalen, regionalen und zentralen Gliederung aufzubauen; dabei konnte der ursprünglich vorgesehene Personalstand von 15 000 Beamten sogar übertroffen werden. Und entgegen allen Traditionen nahm das Amt seine Erhebungstätigkeit sofort auf, das Schlaglochregister nahm Gestalt an; seine weitere Entwicklung wird fortlaufend überwacht und registriert. Man kann heute mit Recht von einer „Verwaltung der Schlaglöcher" sprechen. Um der Behörde die ordentliche Wahrnehmung ihrer Aufgaben zu ermöglichen, bedürfen Eingriffe in die Beschaffenheit der Strassenoberfläche nun der Genehmigung; insbesondere wurde die „Unbefugte Beseitigung von Schlaglöchern" unter Strafe gestellt.

Leider wurden mit diesen Erfolgen aber die im *Strassenerhaltungsfonds* bereitgestellten finanziellen Mittel weitgehend aufgebraucht; es gibt nichts mehr zu verteilen. Die aktuellen und wohl auch künftigen finanziellen Engpässe werden kaum erlauben, über die Verwaltungstätigkeit des Amtes hinausgehende Aktivitäten, etwa zur Reparatur der Strassenoberflächen, zu finanzieren. Auch auf die Vorschläge der Umweltorganisationen zur *„Begrünung der Schlaglöcher"* konnte deshalb nicht eingetreten werden.

Heute hat Italien das beste Schlaglochregister der Welt, das Land ist auf diesem Gebiet absolut führend, und Spezialisten aus aller Welt kommen ins Land, um davon zu lernen. Osteuropäische und afrikanische Spezialisten haben zwar den ungenügenden Ausbau der Kategorie „Schlamm" moniert, andererseits hat sich aber die Einsicht durchgesetzt, dass gewisse Anpassungen an die jeweiligen landesspezifischen geographischen und klimatischen Gegebenheiten unumgänglich sind. Italien hat an internationalem Ansehen gewonnen. Leider fehlt damit, neben dem Geld, nun auch der Anreiz, die Löcher zu reparieren. Warum sollte man die Grundlage eines nationalen Erfolges beseitigen? Und so wird uns Touristen wohl auch künftig die Gelegenheit geboten werden, uns im Slalomfahren zu üben.

9. Unsere Landesverteidigung

(Schulaufsatz von Hans Spring, Oey-Diemtigen, 3. Schuljahr)

Heute sollen wir über die Landesverteidigung schreiben, mindestens 2 Seiten. Darüber weiss ich viel. Die Schweiz ist eines der schönsten und reichsten Länder der Welt. Darauf sind viele neidisch. Wir sind zwar von Ländern umgeben, mit denen wir es gut können, aber man kann nie wissen, sagt mein Grossätti. Deshalb haben wir die Landesverteidigung. Diese macht viel Lärm. Das hört man vor allem am Wochenende. Jedes Dorf hat einen Schiessplaz, auf dem die Männer die Landesverteidigung üben. Zu jedem Schiessplaz gehört ein Schützenhaus, in dem sich die Männer vom Üben ausruhen. Sie brauchen es auch, wenn sie es einfach lustig haben wollen. Bei der Landesverteidigung dürfen jetzt auch die Frauen mitmachen, aber bei uns im Dorf habe ich das noch nie gesehen. Unsere Pöschtlerin, die immer so cheibe schnell mit ihrem Elektroroller um die Ecken fräst, wäre sicher gut für die Landesverteidigung.

Wenn es einmal ernst wird, ist der Feind wahrscheinlich 300 Meter weit weg. Näher traut er sich nicht ran, und wenn er weiter weg ist, ist er wahrscheinlich schon im Ausland, weil die Landesverteidigung ja an der Grenze passiert. Aber dort dürfen wir ihn wegen unserer immerwehrenden Neutralitet nicht bekämpfen. Deshalb wird auf allen Schiessplätzen auf diese Entfernung geschossen. Wir haben unseren Schiessplaz zusammen mit denen von Oey. Am Eingang des Simmentals wird über die Kantonsstrasse geschossen. Das tönt besonders unangenehm, wenn man gerade dort ist, und auf dem Velo kann man sich die Ohren nicht zuhalten. Mami sagt, dass viele Fremde sich erschrecken, aber das sollen sie ja auch, und passieren kann nichts, denn zwischen dem Schützenhaus und der Strasse ist eine Betonmauer, damit sie nicht zu tief zielen. Ausserdem wird am Schützenhaus an einer Fahnenstange ein rotweisser Sack aufgezogen, so kann man wissen, wann geschossen wird, aber die Fremden wissen das nicht. Ich darf nur am 1. August und an Neujahr Knaller loslassen. Wenn die Männer in den Dienst gehen, haben sie Uniform an und ihr Sturmgewehr dabei. Sie sollen jetzt die Munition nicht mehr zu Hause haben, damit nichts passiert, aber das macht nichts, sagt mein Vater, weil sich jeder vernünftige Soldat sowieso vom Üben ein paar Kugeln mitgenommen hat.

Wyss Willi ist Helipilot und hat seinen Heli manchmal am Wochenende vor dem Stall parkiert. Ich dachte nicht dass die so gross sind. An der Uniform kann man sehen, ob einer Offizier ist wie der Sigrist Fritz, der ist sogar Hauptmann, weil er als Lehrer mehr Zeit hat. Er ist aber nicht an unserer Schule, sondern in Interlaken. Einen General gibt es erst im Krieg, weil es im Frieden viel zu teuer kommt, ein General verlangt natürlich mehr Lohn als ein Hauptmann, und die Armee muss sparen. Deshalb sieht man auch fast nie Panzer und Kanonen, die dürfen nicht so viel herumfahren, weil das Benzin ja auch viel kostet, aber es gibt sie in Thun. Früher haben sie auch geübt im Gebirge, und wenn man Glück hat, findet man am Seehore noch die schönsten Granaten, die nicht explodiert sind, aber man darf sie nicht anfassen, sonst gehen sie doch noch los. Es gibt auch Flieger, die Flugzeuge sind schon 25 Jahre alt, älter als unser kleiner Traktor, der grosse ist erst 4 Jahre alt. Aber sie dürfen manchmal fliegen, besonders bei schönem Wetter, und machen noch viel mehr Lärm als das Üben. Wenn ich erwachsen bin, mache ich auch mit bei der Landesverteidigung, am liebsten als Pilot. Dann fliege ich immer über dem Simmental und mache cheibe Lärm, damit alle wissen: Das ist der Hausi.

Soviel habe ich noch nie geschrieben, und in Schriftdeutsch.

10. Des Meeres und der Liebe Wellen

Das Meer war immer da, es ist gross und weckt grosse Gefühle. Aus dem Meer kommt alles Leben, kommen ursprünglich auch wir, aber wir wurden auch in Liebe gezeugt. Das Meer und die Liebe, in ihrer Unergründlichkeit und Gewalt, haben Denker und Poeten aller Zeiten beschäftigt. „So grenzenlos ist meine Huld, die Liebe, so tief ja wie das Meer", schrieb Shakespeare, und Baudelaire sah das Meer als Spiegel der Seele; darin sei die Liebe zum Meer, sei seine Faszination begründet. Und auch das schlichte Wandern am Strand, Hand in Hand, ist von vielen Dichtern besungen worden.

Wenngleich diese Tätigkeit, wohl aus ähnlichen Motiven, auch heute noch gern ausgeübt wird, wird das Bild moderner Strände doch vor allem durch die dort aufgebauten Einrichtungen zur Ruhe geprägt und zu diesem Zweck in Abschnitte eingeteilt. Im Norden, nehmen wir einmal die Insel Rügen als Beispiel, schützen Strandkörbe die Erholung Suchenden vor der aggressiven Witterung, andere Strandabschnitte vereinen jeweils Menschen gleicher Interessen. So grenzt der FKK-Strand an den Hundestrand, ein schönes Beispiel für die Entstehung von Freiheit durch Ordnung. Aber keine Regel ohne Ausnahme: Nackthunde dürfen doch nur am Hundestrand baden! Die Strandkörbe sind übrigens gross genug, um zwei jungen Menschen Schutz zu bieten, wenn sie sich eng aneinander kuscheln, was ja der Liebe förderlich ist.

Im Süden, nehmen wir einmal Italien als Beispiel, heissen die Abschnitte LIDO TROPICANA, LIDO DEL SOLE oder LIDO ALEX, nach dem Besitzer der dort aufgestellten Sonnenschirme. Diese grenzen in ihren verschiedenen Farben, blau, gelb oder grün-weiss gestreift, die verschiedenen Territorien voneinander ab. Dort liegen sie, die das Meer suchen, Menschen aus verschiedenen Ländern und verschiedenen Geschlechts, Alters und Volumens. Dazwischen einige Frauen aus Thailand, die ihre Kunden unter grossem Ölverbrauch massieren und sich nur schwer abweisen lassen, und wandelnde Verkäufer von Strandkleidern und Tüchern.

Und auch hier kommt wieder die Liebe ins Spiel. Am Strand stehen nämlich Liegen, immer paarweise unter den Sonnenschirmen angeordnet, und auf ihnen liegen die Menschen verschiedenen Alters, Geschlechts und Volumens: schlanke junge Frauen neben ihren athletischen Partnern, braungebrannt und frisch verliebt und vielleicht einmal die Schöpfer neuen Lebens; und Ältere, nicht ganz so schlank und schön, aber ebenso braun, die schon lange ständig und standhaft zusammen sind, und wenn sie sich nicht liebten, lägen sie wohl nicht hier auf den paarweise angeordneten Liegen.

Und dann, wenn man ins Städtchen aufsteigt, die Poesie der Liebe: In blauer Farbe auf grauem Beton hat ein unbekannter Autor seinen Gefühlen für eine Sara (Sare, Saretta) Ausdruck verliehen: SEI MIA PRINCIPESSA, TI AMO. SARETTA, TI AMO, SEI LA STELLA PIU PREZIOSA DEL MIO UNIVERSO. Und schliesslich: SARE, SE „NIENTE“ DURA PER SEMPRE, VUOI ESSERE LA MIA „NIENTE“? Wenn das nicht kreativ ist: Wenn nichts für immer dauert, willst du mein „Nichts“ sein? Wie das Meer ist eben auch die Liebe eine mächtige Quelle der Inspiration.

11. Metzgermesser nur für Vegetarier

Die Firma C&H (Christen & Huguenin) in Heimiswil ist weltweit bekannt für ihre Werkzeuge zur Verarbeitung von Fleischprodukten. Jeder fleischverarbeitende Betrieb, der auf sich hält, verwendet ihre Messer, Hackbeile und Sägen. Dabei sind es nicht etwa günstige Preise, auf denen ihre unangefochtene Marktposition beruht, sondern die hohe Qualität der Erzeugnisse. Aber nicht nur in dieser Hinsicht, sondern auch in ihrer Betriebskultur ist C&H vorbildlich: Flache Hierarchien, ein partizipativer Führungsstil und gute Löhne resultieren in einem hervorragenden Betriebsklima. Die halbjährlich durchgeführten Betriebsversammlungen sind Paradebeispiele helvetischer Diskussionskultur. Im immer wieder aktualisierten Ethik-Code des alten Familienunternehmens sind die Grundzüge dieser Unternehmenskultur festgehalten.

Gerade dieser Code wurde an der letzten Betriebsversammlung zum Gegenstand grundsätzlicher Diskussionen, die es verdienen, auch in einer breiteren Öffentlichkeit Beachtung zu finden. Anna Camano, eine zugewanderte Tessinerin, Mitglied der örtlichen Sektion von „Tier im Recht“, berichtete über eine Fernsehsendung zum traurigen Schicksal argentinischer Schlachtpferde und warf die Frage auf, ob C&H überhaupt noch mit argentinischen Unternehmen geschäften sollte; verbiete doch Art. 87 des Ethik-Codes „… alle Aktivitäten, die Tieren zum Schaden gereichen können“.

In der anschliessenden Diskussion wurde die Frage lebhaft und unter vielfältigen Gesichtspunkten diskutiert. Anton Hunziker, langjähriger Verkaufschef der Firma, wies darauf hin, dass südamerikanische Grosshändler zu den wichtigsten Kunden gehörten: „Wir können nicht kontrollieren, an wen sie ihre Waren weitergeben. Und so wichtig ethisches Handeln ist, wir dürfen doch nie vergessen, dass wir in einem hart umkämpften Markt tätig sind; viele andere Unternehmen lauern nur darauf, in allfällige Lücken stossen zu können. Wir können die wirtschaftliche Seite des Problems nicht einfach vernachlässigen.“ Gerade für Argentinien gebe es keine gesicherten Erkenntnisse darüber, ob Erzeugnisse von C&H zum Schlachten von Pferden eingesetzt würden. Überhaupt liefere man nach Südamerika vorwiegend Ersatzteile zur Reparatur bereits gelieferter Werkzeuge. Fritz Schellenbaum, Betriebsratsvorsitzender und Gewerkschaftler, unterstrich ebenfalls die grundsätzliche Bedeutung des Ethik-Codes; seine Anwendung dürfe aber keinesfalls zur Gefährdung von Arbeitsplätzen führen, wie ja auch in Artikel V der Präambel festgehalten sei! Belinda Grossen wies darauf hin, dass die Tiere in fast allen Fällen schon tot seien, wenn die Produkte der Firma zum Einsatz kämen, und man ihnen daher kein zusätzliches Leid mehr zufüge. Federico Amatini erzählte fesselnd von seinen Erlebnissen mit einer wildgewordenen Kuh während seiner früheren Tätigkeit im Schlachthof; ein langes, scharfes Messer könne durchaus als Verteidigungswaffe betrachtet werden, „auch im Schlachthof!“ Adrian Baltensberger, in der Versandabteilung tätig und bekennender Veganer, berichtete von den Gewissensbissen, unter denen er leide, jedes Mal, wenn er eine Sendung in einen anderen, weniger zivilisierten Kontinent abgefertigt habe. Marcel Reinhardt, der einmal in Luzern drei Semester Theologie studiert hatte, bevor er in die Werbeabteilung von C&H eintrat, wies auf die grundsätzliche Widersprüchlichkeit der menschlichen Natur hin: „Die Wenigsten bringen es heute fertig, ein Tier zu töten, aber die Meisten essen gern Blutwurst“, um dann seine Schlussfolgerung zu ziehen: „Ein menschengerechter Ethik-Code kann nicht widerspruchsfrei sein.“ Anschliessend warf Pia Gerber, der das alles allmählich zu kompliziert wurde, die Frage auf, ob man den Kundenkreis nicht grundsätzlich auf Vegetarier beschränken sollte.

An dieser Stelle griff der allseits hochgeachtete Seniorchef Markus Christen in die Diskussion ein; als langjähriges Mitglied des

Bernischen Grossen Rates war er im Schliessen von Kompromissen geübt. Er lobte die abgelaufene Diskussion mit den vielen hochinteressanten Beiträgen. Aufgrund des Gehörten sei er zum Schluss gelangt, dass es hier um eine grundsätzliche Frage ginge, die man ohne professionelle Hilfe nicht lösen könne. Eine von der Betriebsleitung einzusetzende Kommission solle unter Heranziehung von Juristen und Philosophen prüfen, ob Tieren durch das Schlachten tatsächlich ein Schaden im Sinne des Art. 87 entstünde! Ihr Ergebnis werde man dann auf einer der nächsten Versammlungen diskutieren; bis dahin werde man vorgehen wie bisher.

Dieser Entscheidung stimmte die Versammlung erleichtert zu, und man konnte sich nun wichtigeren Traktanden wie „Zeitpunkt und Dauer der sommerlichen Betriebsferien“ und „Vergrösserung des Velo-Unterstandes“ zuwenden.

12. Ein Jahrhundert-Ereignis

Unser Ferienhaus im Simmental liegt vielleicht 50 Meter erhöht über dem Talboden, und etwa 30 Meter unter dem Haus verläuft die Kantonsstrasse, die man sieht, wenn man vorn am Zaun steht. Von der Terrasse und Laube aus hat man einen schönen Blick auf die gegenüberliegenden Berge und auf den Grund des breiten Tals und die Wiesen, auf denen viele Kühe und auch einige Pferde grasen. Ab und zu fährt auch mal ein Traktor zu einem der Ställe, eine Katze geht auf Mäusejagd oder der Milan fliegt vorbei. Dort sitzen wir oft lange und schauen einfach hinunter, und der Anblick dieser Landschaft ist nicht nur schön, sondern auch befriedigend im eigentlichen Sinn des Wortes, gerade weil nicht viel passiert. Und vielleicht macht gerade das, nämlich dass eigentlich nicht so viel passiert, überhaupt einen Teil des Reizes aus, den dieses Tal für mich besitzt.

Aber am 20. Juli des Jahres 2016 passiert doch einmal etwas. Die „Tour de France“, das grösste jährlich wiederkehrende Sportereignis der Welt, versteht sich, mit einem Budget von insgesamt mehr als 100 Millionen ***Euro,*** fährt ausgerechnet durch das friedliche Simmental! Die Medien feiern das als „Jahrhundert-Ereignis“, die bernische Regierung weist auf die ausserordentliche Bedeutung für den Kanton hin, der Sportminister freut sich über die der Schweiz widerfahrene Ehrung. Der Regierungsstatthalter des Verwaltungsbezirks Niedersimmental ruft dazu auf, die an der Strasse gelegenen Häuser zu beflaggen, mit der Schweizer Fahne wohlgemerkt, und verhängt eine fünfstündige allgemeine Strassensperre für alle Arten von Fahrzeugen über die Kantonsstrasse und alle einmündenden Strassen und Fahrwege. So ziehen denn auch schon vor 10 Uhr überall an den Einmündungen und Kreuzungen Wachen in roten Westen auf, mit der Weisung, alle Störenfriede zurückzuhalten. Eine Ruhe, die man sonst allenfalls in tiefster Nacht erleben kann, breitet sich über dem Tal aus. Und Gott sei Dank ist schönes Wetter.

Wir überlegen uns, von wo aus wir das grosse Ereignis wohl am besten verfolgen können, und entscheiden uns für eine Stelle am Zaun. Dort stelle ich zwei Sessel, einen kleinen Tisch und einen Sonnenschirm auf, und die Nachbarin vom Haus weiter unten am Hang winkt uns zu. Dann beginnt das Warten, wir trinken Kaffee und lesen Zeitung. Die Wachen an der Einmündung stehen sich die Beine in den Leib, vertreiben sich die Zeit mit ihrem Smartphone oder dösen im Gras oder gegen den Zaun gelehnt.

Und dann endlich, gegen 11 Uhr, weht die Aura des grossen Ereignisses in Gestalt eines Helikopters durch das Tal, die Posten unten an der Strasse zeigen Symptome des Erwachens, irgendwie merkt man, dass nun etwas geschehen wird. Und siehe da, es kommen in langsamer Fahrt ein Polizist auf einem Motorrad, dann noch zwei Polizisten auf Motorrädern, dann ein ganzes Auto voll Polizisten, und dann noch mehr Polizisten. Irgendwie glaubt man ihnen anzusehen, dass sie gern schneller als 40 km/h fahren würden. Und dann kommt die Werbekarawane, ca. 170 Autos mit Ansagern und Lautsprechern, die mit Musik und lauten Sprüchen irgendwelche Produkte anpreisen. Mit bunten Bildern, Figuren und Reklamesprüchen sind sie phantastisch hergerichtet, und auf vielen der Wagen sitzen Hostessen, die jubilieren und der begeisterten Menge, in diesem Fall meiner Frau, der Nachbarin vom Haus weiter unten am Hang und mir, aufmunternd zuwinken. Leider versuchen sie gar nicht erst, uns Werbegeschenke zuzuwerfen, wäre bei dem Höhenunterschied auch zu schwierig. Pro teilnehmendem Auto, so hört man, muss eine interessierte Firma an die 50 000 Euro bezahlen, dazu eine Gebühr von 1000 Euro pro Kopf für die Hostessen.

Nach der Werbekarawane kommen Dutzende gelber und roter Autos, offensichtlich angefüllt mit Funktionären. Und dann wieder Polizisten und dann, weiss Gott, wirklich der erste Rennfahrer, ein bunt gekleideter, tief über den Lenker gebeugter Mann, der, das sieht man, sehr heftig in die Pedale tritt. Nach etwa 30 Metern dann gleich drei Fahrer auf einmal, und dann eine ganze Horde so dicht aufeinander, dass man einen Unfall befürchten muss; insgesamt werden es wohl an die 200 Teilnehmer sein, aber das kann man natürlich nicht so genau abschätzen. Und dann mit etwas Abstand noch Gruppen von Nachzüglern. Und dann wieder Autos mit Funktionären und dann mindestens zwei Dutzend dicht mit Fahrrädern vollgepackte Kleinlaster. Und Sanitätsautos. Und wieder Polizeiautos. Und dann noch ein paar Reklameautos, die ihre Verspätung mit umso lauterer Musik wettzumachen bestrebt sind. Und dann viele Lastwagen. Und über dem Ganzen der Helikopter.

Diese Kolonne bewegt sich also in sehr schnellem Radfahrtempo, und nach 4 Minuten ist alles vorbei. Die eigentlichen Rennfahrer, die doch das Wichtige sein sollten, sah man vielleicht 20 Sekunden lang. Und dann breitet sich wieder die ungewöhnliche Ruhe über das Tal aus. Die Strassensperre dauert noch weitere zweieinhalb Stunden, und solange müssen auch die Wachen aushalten, obwohl nun nichts mehr passiert.

Das war also das Jahrhundert-Ereignis des Simmentals, und ich war Augenzeuge. Seine unerhörte kultur- und völkerverbindende, touristische und daher auch ökonomische Bedeutung, für die Schweiz und ganz besonders den Kanton Bern, erschliesst sich dem politischen Laien erst so richtig, wenn er bedenkt, was allein die zahllosen Funktionäre, die es sich wohl an nichts fehlen lassen, in den bernischen Hotels alles konsumiert haben und noch konsumieren werden, von den mit Recht hungrigen Velofahrern ganz abgesehen – oder dürfen die nur Spaghetti essen? Und dann noch die Hunderte von Chauffeuren. Etwas schade, dass der riesige Aufwand, das ganze Drum und Dran den Blick auf die enorme Leistung der mehrere tausend Kilometer zurücklegenden Teilnehmer verstellt, jedenfalls für den einfachen Zuschauer. Aber so zeigt sich schliesslich für jeden, der es sehen will, mit eindrücklicher Deutlichkeit, dass Spitzensport vor allem eine Geldfrage und ein Geschäft ist.

Ich habe nichts dagegen, wenn die Tour de France in hundert Jahren wiederkommt, aber sehr spannend fand ich das Ereignis nicht. Die

Kühe unten auf der Wiese sind mir lieber: Sie sind authentisch, eben einfach Kühe, und das macht sie attraktiv.

13. Beiträge zur Logik, Metaphysik und Poetik automatischer Ansagen und behördlicher Vorschriften

(Archiv für praktische Philosophie, 2025 Bd.13)

„Halt auf Verlangen“

Unsere Haltestelle im Simmental wird im Zug der BLS regelmässig so angekündigt: “Nächster Halt Burgholz. Halt auf Verlangen“. Und auch noch in Französisch und Englisch: „Arrêt sur demande. Request Stop.“ Und wenn wir dann auf den grünen Knopf an der Tür drücken, hält der Zug tatsächlich an, und wir können aussteigen. Ohne langwierige Verhandlungen mit dem Schaffner, ohne Überzeugungsarbeit beim Lokomotivführer leisten zu müssen, ohne Einschaltung von Juristen ist damit der Beförderungsvertrag mit der Bahn beendet worden, und wir sind am Ziel. In Österreich gibt es das auch, dort heisst es „Bedarfshalt. Zum Aussteigen Haltewunschtaste drücken“.

Haltewunschtaste, was für ein schönes Wort! In der Routine des täglichen Lebens könnten wir leicht vergessen, welcher Komfort uns da geboten wird. Zunächst das Erlebnis der Machtausübung, wie man es auch in der direkten Demokratie nur selten geniessen kann: Ich kann machen, dass ein ganzer Eisenbahnzug, mitsamt Lokomotivführer, Schaffner und Passagieren, auf meinen Befehl anhält! Als Kind habe ich mir manchmal gewünscht, den Hebel der Notbremse zu ziehen, um zu sehen, was dann passiert, aber die Hebel waren sehr hoch angebracht – und überhaupt war es verboten! Jetzt kann ich den Zug zum Halten bringen!

Wichtiger aber ist die existentielle Bedeutung dieser Gelegenheit. Zwar haben unsere elektronischen Geräte Gott sei Dank meist einen Knopf zum Ausschalten, das wichtigste Bedienungselement überhaupt. Aber sonst können wir doch nur selten aus dem Ablauf der Ereignisse, deren Teil wir sind und auf die wir doch keinen Einfluss haben, aussteigen. „Ich möchte so gerne noch bleiben, aber der Wagen, der rollt“ heisst es in dem beliebten Volkslied „Hoch auf dem gelben Wagen“. Solche Gefühle, den Wunsch nach ewiger Dauer, habe ich am deutlichsten im glücklichen Zustand junger, erfüllter Liebe erfahren.

Viel häufiger aber möchten wir nicht in der Gegenwart verweilen, sondern dem Zug der Ereignisse oder dem Ziel, dem er entgegen rollt, entkommen. Das habe ich schon als Kleinkind erfahren. Ich erinnere mich, wie ich manchmal mit in den Gottesdienst genommen wurde. Ich sass zwischen lauter riesigen Erwachsenen auf einer Bank und konnte kaum sehen, was da vorging. Sehr wohl sehen konnte ich den Pfarrer, der hoch oben auf der Kanzel stand und von Dingen redete, die ich nicht verstand. Und das Schlimmste daran: Er hörte gar nicht mehr auf, die Predigt dauerte und dauerte, endlos dehnte sich die Zeit, wie man es sonst allenfalls bei Gustav Mahlers 10. Symphonie erlebt. Die einzige wohltätige Abwechslung war, dass die Erwachsenen manchmal, wie auf ein geheimnisvolles Zeichen, gleichzeitig aufstanden und sangen, und sogar alle das gleiche Lied. Aber wenn es hier einen Halteknopf gegeben hätte, wie gern hätte ich ihn gedrückt. Ähnliche Gefühle habe ich später auch manchmal auf Kongressen bei tödlich langweiligen Vorträgen erfahren. Und die endlosen programmatischen Reden hoher Staatsbeamter und Parteifunktionäre haben, soweit ich das beobachten konnte, bei Bürgern der DDR vergleichbare Reaktionen des Überdrusses ausgelöst.

Hier gibt es ein interessantes Phänomen, das sich zum Beispiel bei Zweierbeziehungen, wo ein Halteknopf manchmal besonders erwünscht wäre, beobachten lässt: Ein als unangenehm empfundener Prozess wird bei längerer Dauer oder häufiger Wiederholung als Zustand erlebt. Wir möchten einen Streit, dessen Sinnlosigkeit offensichtlich ist, gern beenden, aber wenn er sich scheinbar unvermeidlich immer wiederholt, kann die Beziehung selbst als zunehmend belastend empfunden werden.

Und schliesslich gibt es unsere Machtlosigkeit gegenüber den grossen historischen und gesellschaftlichen Abläufen, deren Schädlichkeit wir zu erkennen glauben, die wir aber nicht anhalten und umlenken können. Wir sehen etwa, dass wirtschaftliche Entwicklungen wie die zunehmende finanzielle Ungleichheit die Errungenschaften unserer Demokratie gefährden, und dass ein ständiges und unbegrenztes Wirtschaftswachstum schon allein aus ökologischen Gründen unmöglich ist, aber wir können den Prozess selbst in unserem Land der direkten Demokratie kaum beeinflussen.

Gott sei Dank ist es nur selten so tödlich ernst wie im Falle von politischen Umwälzungen und Kriegen. Wie viele ihrer Standesgenossen interessierten sich meine Eltern in den Jahren vor etwa 1935 nicht für Politik. Mein Vater bewirtschaftete das Familiengut und nutzte jede Stunde seiner Freizeit zum Malen, seiner eigentlichen Berufung, meine Mutter war voll beschäftigt mit der Führung eines grossen Gutshaushaltes, und dazu gab es die Geselligkeit mit Freunden und seltene Reisen. Als sie dann das Unheil erkannten, war es zu spät. Mein Vater hielt die nationalsozialistische Führung für verbrecherisch, wie er mir erklärte, als er verhinderte, dass ich auf Beitreiben der HJ-Führung in eine der Adolf-Hitler-Schulen geschickt werden sollte ("Sie bringen alle Juden um! Aber du darfst nie darüber reden, sonst sind wir alle in Gefahr!"), ein unglaublicher und gewagter Vertrauensbeweis gegenüber einem elfjährigen Jungen; meine Mutter drückte sich, wie es ihre Art war, zurückhaltender aus, aber „so benimmt man sich nicht", war aus ihrem Mund eine harte Kritik. Aber natürlich konnten sie den Krieg nicht verhindern, und die Fahrt des Deutschen Reiches in den Abgrund nicht aufhalten.

Ja, es wäre manchmal wünschenswert und interessant, auf Verlangen aus den Abläufen des Lebens aussteigen zu können. Aber erst dann würden wir erfahren, ob wir auch klug genug sind, um eine solche Einrichtung sinnvoll und mit gutem Ergebnis zu gebrauchen.

II. „Kein Anschluss unter dieser Nummer“

Vor etwa 60 Jahren, wir sassen mit meinen Schwiegereltern in einer gemütlichen Kaffeerunde beisammen, begann unser damals vierjähriger Sohn Joachim durch das Zimmer zu tanzen und sang dazu: “Düdüdüt, kein Anschluss unter dieser Nummer. Düdüdüt, kein Anschluss unter dieser Nummer ...“. Da wussten wir, dass er ein geheimes Laster hatte! Aber damals war niemandem von uns klar, welche metaphysischen Probleme sich mit dieser automatischen Telefonansage der Deutschen Post, die damals noch das Telefonnetz betrieb, verbanden. Versuchen wir, der Sache näher auf den Grund zu gehen.

Es wird nützlich sein, zunächst die Begriffe zu klären. „Eine Nummer (Abk. *Nr.*, veraltet *№*, auch #) ist ein meist numerischer, das heisst aus einer Ziffernfolge bestehender Identifikator, der zur Kennzeichnung und Ordnung von Objekten (Kapitel, Ausweise, Häuser, Fussballspieler …) verwendet wird“, sagt mit der dort zu erwartenden Klarheit Wikipedia. Mit dem Wort Anschluss ist „die Verbindung mit einem Leitungsnetz“, hier eben der „Telefonanschluss“ gemeint. Und schon entsteht ein erstes Problem: Wenn gar kein Anschluss besteht, gibt es auch nichts zu identifizieren und zu ordnen, und das Wort „Nummer“ droht seine begriffliche Identität zu verlieren. Davon gibt es zwei Ausnahmen: Eine Nummer, meist die Nummer 1, kann angebracht werden, wenn weitere Objekte in der gleichen Klasse erwartet werden; einen König „Franz I.“ zu nennen, macht Sinn, wenn man auf viele weitere Könige mit dem Namen Franz hoffen darf, eine Hoffnung, die sich freilich im Falle des Hauses Valois nicht erfüllte. Und zweitens kann eine Nummer die Funktion eines Namens erhalten. So heisst der einzige Bus auf der Insel Capraia „Nr. 9“, weil er so bezeichnet war, als man ihn von einer italienischen Grossstadt erworben hat, und jetzt fahren eben die Leute vom Hafen ins Dorf mit der „Numero Nove“. – Aber beide Fälle treffen bei der hier diskutierten Ansage nicht zu, und so stellt sich hier die schwierige Frage: Soll hier das „Nichts“ identifiziert und geordnet werden?

Und damit sind wir mitten im Schlamassel! Tatsächlich gehört das „Nichts“ zu den Dauerbrennern aller grossen philosophischen und religionswissenschaftlichen Diskussionen. Die Mahnung des *Parmenides von Elea* (etwa 520-460 v.Chr.) *„...das Nichtseiende kannst du weder erkennen (denn es ist ja unausführbar) noch aussprechen.“* verhallte ungehört, im Gegenteil, die Deutsche Post sprach es, wie wir gesehen haben, wenn auch indirekt ständig aus. Es wäre eine Überforderung sowohl für mich, den Autor, wie auch für allfällige LeserInnen, wollten wir uns mit diesem geistesgeschichtlichen Debakel ernsthaft beschäftigen. Aber so viel: Überzeugte Buddhisten haben Freude am Nichts. Die Inder haben ja auch die Null erfunden (übrigens von grösster Wichtigkeit für die Schweiz, denn nur mit vielen Nullen lassen sich die Gewinne der Konzerne und Banken voll erfassen). Und das Zeichen 0, quasi ein Loch, symbolisiert das in witziger Weise, denn ein Loch wird ja bekanntlich als „Nichts mit was drum rum“ definiert. Aus dieser Affinität wird die problematische Ansage, mit der wir uns hier beschäftigen, im Ashram des Guru *Rhamaha Varudi* in *Kleinandelfingen* durch Lautsprecher ständig verbreitet, und das mit grossem Erfolg, wie die Umsatzzahlen zeigen. Wie nun die indischen Telefon-Gesellschaften das Problem lösen, weiss ich leider nicht.

Die Swisscom aber hat das Problem, pragmatisch wie man in der Schweiz ist, auf einfache Weise zu umgehen versucht, ihre Ansage lautet in ähnlich gelagerten Fällen. *“Diese Nummer ist ungültig“*. Das ist zwar als Negierung des Ordnungsgedankens eigentlich eine unschweizerische Lösung, aber eben doch eine Lösung. Ob auch diese Formulierung verborgene metaphysische Fallstricke enthält, etwa die Frage, ob eine ungültige Nummer überhaupt eine Nummer ist, wollen wir ein anderes Mal erörtern.

III. Das Rätsel „Drittperson“

Als unser zweiter Sohn den Fahrausweis erworben hatte, schenkten wir ihm zum Geburtstag einen gebrauchten VW Standard. Der Wagen war einige Jahre bei der PTT (Post, Telefon, Telegraphie; damals schaffte die Post das noch alles allein) im Einsatz gewesen, nicht post-gelb, sondern von dezenter graugrüner Farbe und in gutem Zustand. Aber am Armaturenbrett des ehemaligen Dienstfahrzeuges war eine kleine Metallplakette befestigt, mit der Anweisung: „Die Mitnahme von Drittpersonen ist verboten“. Und damit begann meine jahrzehntelange und bisher erfolglose Recherche.

Was ist eine Drittperson? Wir können ja wohl davon ausgehen, dass es, wenn es Drittpersonen gibt, auch Erst- und Zweitpersonen geben muss. So sagt der Duden folgerichtig, es handle sich um „eine dritte Person ausser den beiden zunächst Beteiligten“. Nach der Erst- und Zweitperson habe ich, da sie in der erwähnten Vorschrift nicht explizit erwähnt sind, allerdings nicht weitergesucht. Aber bedeutete die Anweisung nun auch, dass die Post zur Erledigung ihrer Aufgaben prinzipiell immer nur zwei Personen einsetzte? Das erschien mir unwahrscheinlich, ich habe schon manchmal mehr Menschen an der Arbeit, zum Beispiel an Telegrafenleitungen gesehen. Ausserdem war der VW Standard ja ein Viersitzer, auf dem Rücksitz hatten bequem zwei Personen Platz. Der Fahrer oder die Fahrerin war sicher allein schon aufgrund ihrer verantwortlichen Funktion die Erstperson, daneben auf dem „Beifahrersitz“ sass also die Zweitperson. Und im Fond des Wagens? War die Mitnahme von Viertpersonen gestattet? Durfte die Viertperson einsteigen, während man die Drittperson einfach draussen stehen liess? Andererseits, wenn keine Drittperson mitfährt, wird die Viertperson ja quasi automatisch zur Drittperson, als doch immer nur zwei Personen im Wagen.

Ja, wenn Erst- und Zweitperson ein jung verliebtes Paar wären könnte es angebracht sein, die Rückbank leer zu lassen. Kaum vorstellbar. Oder wollte die Post ihre Fahrzeuge lediglich vor den Turbulenzen von Dreiecks-Verhältnissen schützen? Schliesslich spielt der

Filmklassiker „*Das ewige Dreieck*“ (mit der unvergesslichen Ingrid Bergman in der Rolle der Hypotenuse) ja im Milieu der Schwedischen Reichspost). Aber Liebe in einem Dienstfahrzeug der Post? Kaum vorstellbar. Und noch weniger ist deshalb anzunehmen, dass es sich um ein Verbot von Gruppensex handelte. – Das alles macht also wenig Sinn.

Da rein theoretische Überlegungen mich nicht weiterbrachten, versuchte ich es mit Befragungsmethoden. Aber alle angesprochenen oder angeschriebenen Personen lehnten es mehr oder weniger energisch und manchmal deutlich konsterniert ab, eine Drittperson zu sein. Allerdings habe ich es vermieden, eine Belohnung auszusetzen; für einen entsprechenden Betrag möchte doch manche/r in Versuchung geraten, sich für eine Drittperson auszugeben.

Der Brockhaus hat mir nicht weitergeholfen. Google dagegen gab einen interessanten Hinweis, und zwar auf den eher distanzlosen Antrag des Dionys in Schillers Bürgschaft: *„Ich sei, gewährt mir die Bitte, in Eurem Bunde der Dritte!“* Aber damals gab es ja noch gar keinen VW, und schon gar nicht in Sizilien! Also hilft das auch nicht weiter.

So bleibt diese kurze Veröffentlichung meine letzte Hoffnung. Liebe Leserin, lieber Leser, falls Sie eine Drittperson sind, bitte melden Sie sich! Ihre Antwort wird sehnlichst erwartet!

IV. Halt, wenn ein Zug kommt!

Die knappe und präzise Formulierung der Forderung „Halt, wenn ein Zug kommt!“ hat mich schon als Kind fasziniert, als ich zum ersten Mal einen österreichischen Bahnübergang zu Gesicht bekam; war ich doch an die ausführlicheren Texte an den Bahnübergängen meiner brandenburgischen Heimat gewöhnt: “Halt, wenn das Läutewerk der

Lokomotive ertönt oder die Annäherung eines Zuges sich in anderer Weise bemerkbar macht!“ Man kann sich vorstellen, wie um das Jahr 1830, vor der Eröffnung der ersten Eisenbahnlinie in Preussen, eine Kommission aus Eisenbahnexperten, Juristen und Sprachwissenschaftlern in stundenlangen Sitzungen, deren Protokolle im preussischen Staatsarchiv einzusehen sind, diese Formulierung erarbeitet hat. Es ist leicht zu verstehen, dass der Text unter diesen Umständen etwas umständlich werden musste. (Wie schon Winston Churchill feststellte: Ein Kamel ist ein Pferd, das von einer Kommission entworfen wurde). Er hat, ausser seiner umfassenderen Situationsschilderung, aber auch noch den Vorteil, dass man, um ihn zu lesen und mental zu verarbeiten, eine kurze Zeit stehen bleiben muss, was zusätzliche Sicherheit schafft. Und er ist zeitlos und erfüllt seinen Zweck auch noch, wenn Lokomotiven kein Läutewerk mehr haben.

Ganz anders die Entwicklung in Österreich: Hier hat quasi das Volk gehandelt. Als Anton Grinzinger, erst seit wenigen Jahren Bahnhofvorstand von Gänserndorf, um das Jahr 1840 mit ansehen musste, wie ein Zug der wenige Jahre zuvor eröffneten KFNB (Kaiser Ferdinands Nordbahn), einer Privatbahn im Besitz einer Aktiengesellschaft, beinahe mit einem gemächlich dahintrottenden Ochsengespann zusammenstiess, welches auf einem Feldweg die Bahnstrecke überquerte, war er verständlicherweise erregt. Er erzählte das Ereignis beim Abendessen seiner Frau, welche spontan, auch um die ebenfalls anwesenden Kinder zu belehren, ausrief: „Anhalten muss man, wenn ein Zug kommt. Das sollten die Leut doch begreifen!“

Am folgenden Tag suchte Grinzinger in der Werkstatt nach kleinen Brettern, Pfosten und Farbe und fertigte zwei Schilder an, auf denen der Text „Halt, wenn ein Zug kommt!“ schwarz auf weissem Grund, mit breiter roter Umrandung zu lesen war. Diese stellte er an jenem Wege auf, wo der Unfall beinahe geschehen wäre. Andere Bahnvorstände hörten davon, sahen sich das an, fanden es zweckmässig und machten es nach. Und als man im Wiener Vorstand der Gesellschaft davon erfuhr, schluckte man den Ärger über dieses selbständige Vorgehen seitens Angestellter mittleren Ranges, das man eigentlich nicht sehr schätzte, im Interesse der öffentlichen Sicherheit herunter und verfügte die durchgehende Beschilderung aller Bahnstrecken; sie wurde später von den staatlichen Bahnen übernommen.

Was die Schweiz anbelangt, würde es niemanden wundern, wenn die Schilder von Kanton zu Kanton verschieden aussehen würden. Ich kann nur für den Kanton Bern sprechen; und hier scheint bei den wenigen unbeschrankten Bahnübergängen ohne zusätzliche Lichtsignale ein auffälliges rot-weisses Kreuz ohne erläuternden Text zu genügen. Offenbar vertraut man mehr dem Urteilsvermögen und der Eigenverantwortung der Verkehrsteilnehmer, wie das ja auch in den öffentlichen Verkehrsmitteln der Fall zu sein scheint. (So findet man vorn in manchen öffentlichen Bussen nicht ein Verbot, sondern den Hinweis: „Es ist unklug, mit dem Fahrer zu sprechen!“). Dennoch scheint es, dass die bernischen Bahnübergänge nicht mehr Opfer fordern, als dem europäischen Durchschnitt entspricht. Ob das so bleibt, wenn immer mehr Leute beim Gehen dauernd auf den Bildschirm ihres Smartphones schauen, bleibt abzuwarten; aber da würde ein zusätzlicher Text ja auch nicht weiterhelfen.

14. Revolution im Instrumentenbau

Bassgeigen sind schöne Instrumente, deren tiefer Klang einem Musikstück mehr Struktur verleiht; aber sie sind auch sperrig und nicht einfach zu transportieren; man nimmt sie nicht gern auf Wanderungen mit, und deshalb sind sie auch auf abgelegenen Berghütten selten anzutreffen, selbst wenn dort einmal die Ländlerkapelle „Edelweiss“ aufspielt. Der Auftritt von 2 oder 3 Bassistinnen im Orchester nötigt uns schon aus rein sportlichen Gründen Respekt ab, zumal diese Frauen manchmal von eher kleiner Statur sind.
Grosse Ideen, wie sie bahnbrechenden Erfindungen zugrunde liegen, werden oft aus dem Zusammentreffen einer Notlage, eines situativen Hinweises und fachlichen Wissens geboren. (Bekanntlich kam Isaak Newton die Idee der Gravitationstheorie, als ihm ein schwerer Foliant schmerzhaft auf den Fuss fiel, während er gerade an die Schwangerschaft respektive Gravidität seiner Geliebten dachte.) Es ist intuitiv einleuchtend, dass es gerade ein Logistiker und Amateur-Musiker war, der die Idee der *aufblasbaren Bassgeige* entwickelte, als er sich wieder einmal die Treppe in den 4. Stock (der Lift war zu klein für Mann und Instrument zugleich) hinaufquälte und ein Nachbar ihm zurief: „Na, Herr Blaser, wieder mal im Aufstieg?“ Ein Freund, der in einem Unternehmen für Autobereifungen arbeitete, half Markus Blaser weiter und schaffte ihm die nötigen Kontakte; und da *Pirelli* im hart umkämpften Gummiwaren-Markt gerade auf der Suche nach neuen Produktionszweigen war, ergab sich bald eine für beide Seiten vorteilhafte geschäftliche Verbindung. Und das Problem erwies sich als weniger schwierig als erwartet: Der zur Konstruktion aufblasbarer Weihnachtsbäume entwickelte Algorithmus musste nur leicht angepasst werden.

Das neue Instrument besteht aus einer widerstandsfähigen strukturierten Gummihaut, welche, wenn mit dem nötigen Druck aufgeblasen, die vollendete Bassgeigen-Form annimmt; verschiedene

Farbmischungen verschaffen jedem Instrument seine individuelle Note. Beim Aufblasen, das zunächst mit einer einfachen Fusspumpe geschah, muss man darauf achten, dass sich die Saiten, die auch im Ruhezustand auf dem Instrument bleiben, nicht verwirren. Je nach dem hergestellten Innendruck ergeben sich andere Toneffekte, sodass ein Teil des Stimmens ebenfalls mit der Luftpumpe stattfindet. Bei Überdruck besteht Explosionsgefahr; dem wird heute durch Einbau von Sicherheitsventilen begegnet. Dennoch muss man darauf achten, dass durch das Abspielen heisser Musik keine Überhitzung des Instrumentes entsteht; es ist ratsam, etwa beim Übergang von *Andante* zu *Allegro con fuoco* etwas Druck abzulassen.

Pirelli hatte sich vorsorglich auch die Patente für alle anderen Saiteninstrumente gesichert; heute sind auch Celli, Bratschen und Geigen grundsätzlich aufblasbar; Harfen machen wegen der vielen Saiten noch technische Schwierigkeiten, an das Klavier ist leider noch nicht zu denken, obwohl hier Gewichtserleichterungen besonders wünschenswert wären. Aufblasbare Blasinstrumente sind hingegen aus physikalischen Gründen (unbeherrschbare Wechselwirkungen zwischen Innen- und Aussendruck) bisher nicht realisierbar; man arbeitet an der Entwicklung elektronischer Steuerungen.

Pirelli hat heute eine marktbeherrschende Stellung erreicht, die den Wettbewerbsbehörden der USA und der EU Sorgen bereitet. Aufgrund der Verpflichtung, die neue Erfindung anderen Unternehmen zugänglich zu machen, wurden nun Lizenzverhandlungen mit *Michelin* und *Goodyear* aufgenommen. Inzwischen ist die Fusspumpe von den Podien und aus den Orchestergräben verschwunden, überall wurden Druckluftleitungen eingebaut. Und wenn das Konzert beendet ist und die Musiker die Luft aus ihren Instrumenten ablassen, geht ein Seufzerlaut, begleitet von einem leisen Lufthauch, durch den Konzertsaal. Dann hilft alles Klatschen nicht mehr, es gibt keine weitere Zugabe.

Und was bedeutet das nun für die Musik? Zunächst einmal: Man kann jede Art von Musik, buchstäblich *alles,* ohne offensichtlichen

Qualitätsverlust auf den neuen Instrumenten spielen. Musiker und Fachleute sind sich zwar darin einig, dass die Klangfarbe der Instrumente sich etwas verändert hat, wie das auch früher schon der Fall war, wenn Fortschritte im Instrumentenbau erzielt wurden; so wird es zum Beispiel wohl weiterhin spezielle Instrumente für Barockmusik geben. Aber hier wie überall gilt: Der Fortschritt ist nicht aufzuhalten. Heute passen alle Instrumente eines Streichquartetts in einen Handkoffer, der logistische Vorteil etwa auf Flugreisen ist enorm. Leider sind die Bögen noch nicht aufblasbar, aber die Ingenieure arbeiten daran.

Als ich vor Jahren einmal meinen Nachbarn, von Beruf Schreiner, in seiner Werkstatt besuchte, lag eine Bassgeige auf der Werkbank. „Du reparierst auch Instrumente?“, fragte ich erstaunt. Worauf er erzählte, der Posthalter („der Löl!“) hätte die Bassgeige vom VW fallen lassen, jetzt leime er sie halt wieder zusammen. „Obs noch tönt, weiss ich natürlich nicht, aber es kommt ja auch nicht so darauf an!“ Mit der neuen Entwicklung im Instrumentenbau werden derartige Ereignisse selten werden.

Und noch etwas: Neuerdings gibt es die „Kirchenkonzert-Hose“, auf die viele Musikliebhaber lange gewartet haben, auch sie von Pirelli. Viele Konzerte finden ja in Kirchen statt, deren Holzbänke leider nicht jenen Komfort aufweisen, den ein ungestörter Musikgenuss voraussetzt: Man kann sich nur schwer ganz auf die Musik konzentrieren, wenn die Sitzfläche schmerzt. Hosen mit aufblasbarem Hosenboden, sozusagen ein integriertes Luftkissen, schaffen Abhilfe. Man kann sich ruhig niederlassen und die Hose diskret aufblasen. Und das Ablassen der Luft am Ende synchronisiert man am besten mit der entsprechenden Tätigkeit des Orchesters, um argwöhnischen Blicken von Sitznachbarn vorzubeugen.

15. Zwei Schlösser am Tag sind genug!

(Ein Reisebericht)

Reisen bildet bekanntlich. Jedes Jahr unternehmen wir eine kleine Herbstreise, dieses Jahr fuhren wir bei schönem spätsommerlichem Wetter auf meist leeren Autobahnen und Nationalstrassen an die Loire, zwischen *Nevers* und *Angers*. Meist lernen wir dabei etwas fürs Leben, dieses Mal den Grundsatz: *Mehr als zwei Schlösser pro Tag besichtigen ist nicht gut für die Gesundheit.* Junge, gut durchtrainierte Touristen mögen vielleicht drei Schlösser schaffen, mehr dürfte auf keinen Fall drinliegen. Tourismus will wie andere Leistungssportarten mit Vernunft betrieben werden.

Gelegenheit zu Exzessen gibt es allerdings in diesem Gebiet genug, denn an der Loire und ihren Nebenflüssen liegen Schlösser aus dem 12. bis 16. Jahrhundert in grosser Zahl; der kleine Bildband der Editions Val-Loire Estel behandelt allein 36 von ihnen. Man kann sie besichtigen, und natürlich kosten sie Eintritt, aber das lohnt sich. Betrogen fühlten wir uns eigentlich nur in *Azay-Le-Rideau*, wo wir, nachdem wir die Kasse passiert hatten, vor allem Baugerüste und Plastikplanen zu sehen bekamen, zwei Drittel des Schlosses waren verhüllt und unpassierbar. Aber natürlich, sie brauchen das Geld ja zum Renovieren.

Für mich liegt der Charme dieser Bauten vor allem in der Mischung von Stilelementen von der Romanik bis zum Barock, oft mit einem starken Einschlag von Renaissance. Dabei kommt es durchaus auch zu erstaunlichen Ergebnissen, so etwa in Schloss *Chambord* mit seiner überwältigenden Zahl von Glockentürmen und anderen Türmchen, Giebeln, Schornsteinen sonstigen Verzierungen auf dem Dach; ich habe, von Nordwesten kommend, 32 solcher Aufbauten gezählt, aber insgesamt sind es von allen Seiten betrachtet sicher viel mehr – eine Herausforderung für Dachdecker. Und oft scheint das

Wasser (kleine Flüsse, Teiche, Schlossgräben) in die Gestaltung einbezogen zu sein, wie beispielhaft bei dem auf einer Brücke errichteten, charmanten *Chenonceau.* Meist sind die Schlösser auch von schönen Gärten und Parkanlagen umgeben. Wunderschön sind Renaissance-Wendeltreppen wie in *Blois* und *Chambord.* Und interessant die Interieurs; mir hat besonders die Ausgestaltung der hohen Decken, die sichtbaren Balken mit engen Zwischenräumen, alles bunt bemalt, gefallen. Es gibt oft schriftliche Erläuterungen über Mobiliar und Verwendung, und, nicht ganz unwichtig, die WC (ich meine die modernen, nicht die von damals) sind sauber und gut zu finden. Und neben diesen Leichtigkeit und Lebensfreude ausstrahlenden Bauten gibt es, quasi als Kontrast, gewichtige romanische Kirchen von eindrucksvoller Erdverbundenheit, wie etwa *St-Etienne* in *Nevers.*

Interessant auch die Geschichte der Schlösser, die bisweilen von hemmungsloser Baulust und Verschwendung zeugt. Als etwa Franz I. als Nachfolger Ludwigs XII. im Jahr 1515 den Thron bestieg, besass er schon zwei Regierungssitze in der Gegend, *Blois* und *Amboise*, sowie *Fontainebleau bei Paris*, aber er musste unbedingt noch sein eigenes Schloss, nämlich *Chambord*, als Symbol seiner Grösse errichten. Tatsächlich hat er dort nur wenige Nächte, ich glaube insgesamt nicht einmal zwei Wochen, verbracht. Finanzierbar waren die zahlreichen Bauten (nebst vielen Kriegen) nur durch eine hohe Steuerbelastung des Volkes – es wurde ausgepresst. Und ähnlich war es auch bei anderen Schlössern. Hier erlebe ich einen inneren Konflikt: Einerseits bin ich ein unbedingter Anhänger der politischen Freiheit, die ja immer auch mit einem gewissen Mass an politischer und wirtschaftlicher Gleichheit einhergehen muss, andererseits scheint mir klar zu sein, dass eine derartige Anhäufung von teurer kultureller Schönheit nur in einem System grosser politischer und wirtschaftlicher Ungleichheit – hier durch die absolute Monarchie gestützt und auf ein feudalistisches System – zu erreichen war. Aber so musste es einmal zur französischen Revolution kommen.

Aufgrund unserer taktischen Erfahrung gelang es uns, grösseren Reisegruppen auszuweichen. Es gibt ja immer auch kritische Punkte, an denen sich der Besichtigungsverkehr zu stauen droht; die lokalen Organisatoren bauen derartige Schikanen gern in den Parcours ein. (Man denke an die erfahrenen Touristen vertraute Regel: „Wer den Louvre in vier Stunden machen will, muss an der Mona Lisa vorbeikommen".) In Blois wäre das ein beinahe echt aussehender Thronsessel gewesen, in welchem sich die Touristen gegenseitig fotografieren oder Selfies schiessen können. Auch diese Stellen haben wir nahezu problemlos überwunden. Und dennoch haben wir nur an wenigen Tagen zwei Schlösser geschafft. Aber vielleicht dürfen wir uns unser immerhin fortgeschrittenes Alter zugutehalten. Ausserdem haben wir nicht nur Schlösser, sondern auch einige Kirchen und Kathedralen besucht, also wohl doch eine altersgemässe Besichtigungsleistung.

Vor einigen Tagen hatte ich einen Traum. Ich war mit einer Reisegruppe unterwegs, und wir hatten ein Problem: *Wir hatten in einer Kathedrale einen Japaner vergessen, aber wir wussten nicht mehr in welcher*! Ich muss einmal einen Psychologen fragen, was das bedeutet.

16. Der Säbelzahntiger kehrt zurück!

(Genehmigter Nachdruck aus „Die Artenvielfalt“ vom 1.4.2030)

Unter Fachleuten herrscht weitgehend Einigkeit darüber, dass die Natur unseres sonst so schönen Landes unter einem eklatanten Mangel an Grossraubtieren leidet. Umso erfreulicher ist die Nachricht, dass die NAKAJ (Nationalrätliche Kommission zur Anpassung des Jagdgesetzes) beschlossen hat, den Säbelzahntiger in die Liste der geschützten Arten aufzunehmen. Dieser Fortschritt ist vor allem der Arbeit des Vereins *"Pro Megantereon Cultridens* (PROMEC)*“* zu verdanken, der sich, seit die erfolgreiche Rückzüchtung aus der sibirischen Hauskatze an der Universität *Omsk* gelang, unermüdlich um die Wiedereinbürgerung in der Schweiz bemüht hat (dies mit finanzieller Unterstützung der Firma *Whiskas,* die auch ein entsprechendes Logo erworben hat). Dem standen zu Anfang erhebliche Hindernisse entgegen, vor allem die Kleinheit der ersten Generationen, erreichten sie doch kaum die Grösse eines Meerschweinchens; bei einer vorzeitigen Auswilderung wären sie wohl schnell zur Beute von Füchsen und Raubvögeln geworden. Inzwischen haben die Katzen durch gezielte Züchtung mit einer Schulterhöhe von 120 cm aber schon fast die Körpergrösse erreicht, die wir von Fossilien her kennen, und alles spricht dafür, dass sie bald noch grösser werden könnten.

Nun gilt es, Bevölkerung und Politik auch auf lokaler Ebene davon zu überzeugen, dass wir dieses Tier brauchen. Dabei ist, wie schon bei der Rückkehr von Luchs, Wolf und Bär, mit erheblichen Widerständen zu rechnen, begegnen doch grosse fleischfressende Raubtiere bei uns bedauerlichen, aber fest verwurzelten Vorurteilen. Schon machen Schauergeschichten über die Gefährlichkeit des schönen Tieres die Runde. Demgegenüber ist eindeutig festzustellen: *Es gibt keine nachprüfbaren Berichte über Unfälle mit Meganterien!*

Den Befürchtungen unserer Viehzüchter kann durch die Einführung grösserer Herdenschutzhunde Rechnung getragen werden; schon gibt es ja Rassen, die die Grösse eines einjährigen Kalbes erreichen. Und an positiven Argumenten fehlt es nicht, denken wir allein an die Bedeutung des Tieres für die Kulturentwicklung der frühen Steinzeit, wie sie J. Abner Peddiwell so prägnant geschildert hat. Und besonders wichtig erscheint die Attraktivität dieses Tieres als Werbeträger für den Tourismus, besonders in Zeiten des Mangels an Schnee für den Wintersport. Wer würde nicht gern einmal, vielleicht auch auf einer geführten Tour, einem so spektakulären Waldbewohner in freier Wildbahn begegnen? Bis zum Selfie mit Megantereon (denken wir an *Putins* bekannten "Männlichen Halbakt zu Pferde") wird es allerdings noch eine Zeit dauern.

Und schliesslich: Unsere sensibleren Gäste am WEF werden ja durch Polizei und Armee hinreichend beschützt.

Experten haben berechnet, dass unsere Wälder etwa 500-600 Meganterien Platz bieten würde. Bis es aber so weit ist, liegt noch viel Arbeit vor uns. Wenn wir jetzt beginnen, sind wir anderen europäischen Ländern voraus! Fangen wir an, beginnen wir mit der Aufzucht, der Auswilderung, der Hege und dem Schutz des Megantereon!

Der Säbelzahntiger gehört zu unserer Natur , gehört zur Schweiz!

(Für interessierte Leser verweisen wir auf: *Das Säbelzahn Curriculum,* J. Abner Peddiwell, Klett-Verlag 1974)

17. Digital ist out

„Digitalität heisst ewige Vorläufigkeit.“

Christoph Kucklick

In unserem Ferienhaus im Simmental gab es, als ich es vor etwa 45 Jahren kaufte, in beiden Stockwerken ein Telefon. Die Apparate waren an die Wand montiert, schöne schwarze Kästen mit oben drauf zwei silbernen Glocken, der Hörer hing an der Seite an einem Haken. Sie funktionierten tadellos, ich habe damit klaglos in die USA und nach Kanada telefoniert, und sie brauchten bis heute keinerlei Reparaturen. Sensationell für unsere Enkelkinder waren später die Wählscheiben. Sie mussten üben, bis sie damit umgehen konnten, denn sie waren Tasten gewohnt. Diese Telefone stammten aus der guten alten Zeit, als telefonieren noch keineswegs überall selbstverständlich war. Ich erinnere mich noch gut, wie in den Sechzigerjahren im *Max-Planck-Institut für Verhaltensphysiologie* im ländlichen Oberbayern die Schüler der 3. Klasse der nahegelegenen Dorfschule einmal im Jahr ins Sekretariat kamen, von wo aus sie telefonieren durften. Alle riefen die Frau des E-Werksleiters an, die mit im Bunde war, jedes Kind durfte selbst wählen, und wenn dann die Verbindung hergestellt war, brachten manche von ihnen kein Wort heraus.

Aber meine schönen alten Apparate hatten in den Augen der Swisscom einen Mangel: Sie funktionierten *analog*. Heute aber muss alles *digital* werden, so auch unser Telefon; das ist eben die „Digitale Revolution“, und die Schweiz ist führend mit dabei. Und so erhielten wir denn jüngst von der Swisscom die Nachricht, die analoge Nachrichtenübertragung werde demnächst eingestellt, wir müssten uns auf die digitale Verarbeitung umstellen. Swisscom übernähme die Leitung bis zum Haus, im Haus selbst müssten wir die Arbeit durch eine Installationsfirma erledigen lassen.

Und dann ging alles seinen unvermeidlichen Gang. Ein Swisscom-Spezialist kam, sah sich unsere alte Telefonleitung an und meinte, man müsse nichts ändern, diese Leitung könne noch genug Daten transportieren. Das wunderte mich, denn diese Drähte sind so dünn, dass schon ein etwas grösserer Vogel es sich zweimal überlegt, bevor er es wagt, darauf Platz zu nehmen. Der freundliche und kompetente Chef-Monteur der Elektrofirma kam und inspizierte alles gründlich; und mit einem Blick auf unsere alten Telefone meinte er: „Die neuen werden dann keine 70 Jahre funktionieren“ – eine Bemerkung, deren tiefere Bedeutung uns zunächst verschlossen blieb. Wir vereinbarten einen Termin, zu welchem dann zwei hochmotivierte junge Leute erschienen. Sie blieben einen Vormittag lang, bohrten Löcher in Wände und Decken, zogen Leitungen, montierten Schalter und Stecker und zogen danach ab, mit dem Bescheid, es funktioniere noch nicht richtig, der von der Swisscom müsste noch einmal kommen. Der kam auch am anderen Tag und, veni vidi vici, wechselte eine Sicherung aus, und nun sind wir wirklich digital.

Ich habe mich immer bemüht, unser Ferienhaus von elektronischer Verschmutzung frei zu halten, aber damit ist es jetzt vorbei: Es gibt, jedenfalls im oberen Stock, den mein Sohn benützt, Fernsehen, und es gibt jetzt auch Internet. Warum ich mir im Zeitalter des Smartphones überhaupt ein festes Telefon einbauen liess, werde ich oft gefragt. Ganz einfach: Mein Handy ist nicht besonders smart, und überhaupt stelle ich es nur an hohen Feiertagen an.

So weit, so gut. Doch dann klärte mich ein früherer Mitarbeiter einer Telefonfirma, sein Name sei hier verschwiegen, auf: Digital sei gar nicht mehr der letzte Schrei und würde nur noch solange montiert, bis die reichhaltigen Vorräte an Geräten aufgebraucht wären. Und dann käme die Umstellung auf *trigital.* Auf gut Deutsch: *Digital ist out, trigital ist in*!

Was aber ist *trigital*? Um diese Frage, die sich meine LeserInnen nun wohl stellen, zu beantworten, müssen wir uns leider etwas mit Theorie beschäftigen; das werde ich möglichst kurz halten. Aussagen können in der klassischen Logik zwei „Wahrheitswerte“ annehmen, sie können *wahr* oder *falsch* sein. Der polnische Mathematiker und Philosoph *Jan Lukasiewicz* nun führte im Jahr 1920 einen dritten Wahrheitswert ein: Eine Aussage kann auch mehr oder weniger *wahrscheinlich* oder *möglich* sein. Damit war übrigens der Untersuchung *mehrwertiger Logiken* Tür und Tor geöffnet, eine wahre Revolution. Wir kommen noch darauf zurück. Inzwischen aber entwickelte sich auch die elektronische Nachrichtentechnik weiter, und zwar zur Zerlegung einzelner Nachrichten in kleinste Bestandteile, die sog. *Bits*, zu verdanken dem Mathematiker *John W. Tukey,* dem Erfinder des Wortes (1946), und *Claude E. Shannon*, dem Autor der bahnbrechenden *Informationstheorie* (1948). Ab nun wurden Nachrichten als Abfolge bestimmter Bits mit dem Wahrheitswert „richtig“ aufgefasst. Und in Zusammenarbeit mit der sich schnell entwickelnden digitalen Computertechnologie entstand die heute das Feld der Nachrichten- und Computertechnik beherrschende *Informatik,* welche, wie gesagt, auf einer zweiwertigen Logik beruht. Jetzt aber steht die dreiwertige Nachrichtentechnik vor der Tür, in der auch die *möglichen Ereignisse* und die *Wahrscheinlichkeit ihres Eintreffens* berechnet werden.

Warum hat das so lange gedauert, wenn doch die dreiwertige Logik schon 1920 erfunden wurde? Nun, aus einem ganz einfachen Grund: Um jeweils zu sagen, was auch noch möglich ist, fehlten die Informationen! Der Möglichkeitsraum ist ja immer grösser als der Wirklichkeitsraum, denn er enthält die Wirklichkeit und darüber hinaus noch vieles mehr. Um ein Beispiel zu geben: Dass Hans und Lise im März 1949 geheiratet haben, ist gut dokumentiert, aber wen beide sonst noch hätten heiraten können, blieb bis vor kurzem im Dunkel einer unerforschten Vergangenheit verborgen – wollten wir diese nicht mit historischer Akribie durchforsten, was sich ja nur bei Berühmtheiten lohnt. Heute aber, im Zeitalter der elektronischen Revolution, hinterlassen wir ständig elektronische Spuren, die prinzipiell allen Interessierten, nicht nur der Werbewirtschaft, offenstehen. Heute können Computer-Algorithmen mühelos herausfinden, dass Hans, durchaus aktiv im Feld der Paarbeziehungen, statistisch bedeutsam Blondinen, etwa 3 Jahre jüngere Frauen, solche mit der Kleidergrösse 36 bevorzugte, und dass bei Lise alle drei Merkmale zutrafen. Und genauso können die Wahrscheinlichkeitswerte für alle anderen Partnerinnen von Hans und Partner von Lise und die kombinierte Wahrscheinlichkeit von Hans und Lise, ein Paar zu werden, berechnet werden. Auch die Präferenzen ihrer Eltern und andere Einflussgrössen können in diese Rechnung eingehen. Es liegt auf der Hand, dass diese Technologie nicht nur auf die Vergangenheit angewendet werden wird; viel interessanter, vor allem auch für die wirtschaftliche Entwicklung, ist doch die Prognose künftiger Ereignisse. Und auch im Privatleben kündigen sich Veränderungen an. Ihr Freund wird, wenn Sie zu einer Einladung absagen müssen, nicht nur Ihre Nachricht, sondern auch die verschiedensten Interpretationsmöglichkeiten dafür geliefert bekommen; und wenn ein Mann der verehrten Frau einen glühenden Liebesbrief schreibt, wird sie ausserdem erfahren, wem er wann einen ähnlichen Text schon einmal geschickt hat, und wo er ihn abgeschrieben hat. Es liegt auf der Hand, dass diese Möglichkeiten die zwischenmenschlichen Beziehungen nicht unbedingt erleichtern werden, aber Menschen sind ja flexibel und werden sich darauf einrichten. Und das ist ja erst der Anfang der Entwicklung, weitere Logiken mit noch höherer Zahl von Wahrheitswerten liegen auf der Lauer. Glückliche Zukunft! Der Fortschritt ist nicht aufzuhalten, vor allem wenn er rentiert.

Was aber, wenn die *Theorie des Entwicklungsparadox* des englischen Historikers *Ian Morris* (2010), nämlich dass erfolgreiche kulturelle Entwicklungen die Tendenz haben, ihre eigene Grundlage zu zerstören, recht behielte? Die heute gerade nicht im Trend liegenden *Kulturzyklen-Theorien*, also die Annahme, dass sich kulturelle Entwicklungen zyklisch wiederholen, kommen zu einem ähnlichen Endergebnis. Dann wäre ja jeder Fortschritt ein kleines Stück auf dem

Weg zum Rückschritt, die Rückkehr zum analogen Zeitalter stünde vor der Tür! Für diesen Fall habe ich unsere schönen alten schwarzen Telefone aufgehoben, ich lasse sie dann wieder montieren.

Kreisprozesse könnten eine Aufwärtsspirale sein oder ein Strudel, der alles in den Abgrund zieht, meinte *Annelies* als wir dieses Problem diskutierten, bevor sie ausrief: Digit, Trigit, Igittigitt!

PS: Nachzutragen ist, dass die Swisscom nach dem Vorbild des Berliner Trümmerbergs „Monte Klamotte“, wohl auch zu Werbezwecken, inzwischen im Berner Seeland einen 120 Meter hohen Berg aus noch funktionsfähigen Digital-Telefonen errichtet hat. Dabei auf den Geschmack gekommen, plant sie nun, daneben einen mindestens ebenso hohen Berg aus noch funktionstüchtigen Radios aufzuschütten. Die Zwillingsberge sollen den technischen Fortschritt und den mit ökologischer Verantwortung gepaarten Reichtum der Schweiz symbolisieren und die Namen DIG und DAB tragen.

18. Meine Erfahrungen mit der Kochkunst

Als Kind, ich war vielleicht sieben Jahre alt, besuchte ich manchmal unsere Köchin in der Küche, einem sehr interessanten Ort, und sagte: „Meta, ich will dir helfen.“ Dann pflegte sie zu antworten: “Schwer jenuch schon ohne dir, jeh du man spielen.“ Etwa in der gleichen Zeit wollte ich einmal zusammen mit meiner jüngeren Schwester auf einer selbstgebauten Feuerstelle im Garten Kartoffeln kochen. Sie meinte, man bräuchte dazu Wasser, ich war dagegen, weil ich bei meinen Besuchen in der Küche beobachtet hatte, wie Meta die Kartoffeln vom Feuer nahm, und dann war so gut wie kein Wasser im Topf. Meine Meinung setzte sich durch, wir kochten ohne Wasser; mit dem Resultat, dass sich ein scharfer brandiger Geruch verbreitete, der meine Mutter herbeirief. Mit dem Essen war es nichts, der Topf war mit einer schwarzverkohlten Masse verklebt und nicht mehr zu brauchen, und wir wurden kräftig ausgeschimpft. (Inzwischen habe ich gelesen, dass die „Verkohlungstechnik“ zu den Standardmethoden der modernen Kochkunst gehört; ich glaube aber nicht, dass man es da genauso macht wie damals meine Schwester und ich.) So kam es, dass ich in meiner Kindheit keine echte Beziehung zur Kochkunst aufbauen konnte. Heute kann ich es besser als damals im Garten, aber nicht viel besser.

Ich esse gern gut, wenn auch nicht zu viel, das möchte ich hier gleich feststellen. Kochen aber ist eine Kunst, darüber ist man sich von alters her einig. Deshalb, aus Respekt vor der Kunst, habe ich es bisher weitgehend vermieden, abgesehen von meiner berühmten Hühnersuppe (viel Huhn, aber keine altgedienten ausgemergelten Suppenhühner, sondern dralle Brathähnchen, und mindestens siebenerlei Gemüse; davon koche ich jeweils mindestens 8 Liter, damit man den Rest einfrieren kann, das hält dann wieder für ein halbes Jahr.) Alle essen meine Hühnersuppe gern. Und ich koche auch Erdäpfel (heute *mit* Wasser), die mit Butter, Käse und Salat und einem Bier dazu ein sehr gutes Nachtmahl ergeben.

Vor vielen Jahren habe ich einmal versucht, in die Kochkunst einzusteigen, aber geheimnisvolle Formulierungen und schwer realisierbare Anordnungen in den Kochbüchern entmutigten mich. Zum Beispiel (ich habe es mir gemerkt), sollte ich "ein geschlagenes Ei unter den Teig ziehen", ein fast unlösbares Problem. Erstens schlage ich Eier, wegen ihrer fragilen Konstitution, generell nicht gerne. Ich habe es damals aber ganz sanft versucht, es sah danach nicht mehr so schön aus, hielt aber noch zusammen. Aber wie nun sollte ich es unter den Teig ziehen? Eier lassen sich an und für sich schon nicht gut ziehen, weil an ihrer „ovalen" Schale die nötigen Einrichtungen zum Festhalten und Ziehen fehlen (im Gegensatz etwa zu einem Bund Radieschen, den man, an den Blättern gefasst, ganz gut ziehen kann). Das mag gut sein für die Hühner, weil das Eierlegen dadurch leichter ist, erschwert aber die im zitierten Rezept geforderte Manipulation. Wenn man schon „ziehen" müsste, ginge es jedenfalls mit einem hartgekochten Ei besser, da könnte man fester zupacken; davon stand aber nichts im Buch. Und „unter den Teig"? Der Teig sitzt ja, wie ich feststellen musste, meist klebrig fest unten in der Schüssel und lässt sich, auch wegen seiner zähflüssigen Konsistenz, nicht gut anheben, um darunter irgendwelche Operationen auszuführen. Und ausserdem, die vom Schlag angebrochenen Schalen sitzen ja noch am Ei, würden die nicht später beim Essen stören? Manchmal sollte man aber auch den Teig selbst über andere Ingredienzien „darüberziehen", noch schwieriger. Also, damals habe ich aufgegeben.

Aber da ich nun schon seit längerem richtig pensioniert bin und die alten Rollenbilder ohnehin mehr oder weniger schnell entsorgt werden sollten, habe ich es noch einmal versucht. Um mich weiterzubilden, studierte ich verschiedene Kochbücher, aber das war wenig ermutigend. Das von einer Urgrosstante geerbte und ziemlich zerfledderte Büchlein habe ich bald wieder weggelegt. Es war handgeschrieben und deshalb schwer lesbar, und vor allem sind die

Rezepte für einen Gutshaushalt mit mindestens 12 Personen am Tisch bestimmt, und die Umsetzung einer Umrechnung auf unseren Zwei-Personenhaushalt (bei meiner Hühnersuppe nicht nötig) wäre oft schwierig: Wie soll man etwa 2 Gewürznelken oder eine „Prise Salz" durch 6 teilen? Die Lektüre modernerer Kochbücher aber hat den früheren Eindruck bestätigt: Kochen ist nicht nur eine Kunst, sondern auch eine Wissenschaft mit der dazugehörigen Fachsprache, erfunden, um freche Laien vom Eindringen in ihre Geheimnisse möglichst abzuschrecken. Die Unterschiede zwischen den Extremvarianten der Tätigkeiten *erhitzen, kochen, dämpfen, köcheln, garen, einkochen, braten, anbraten, rösten, grillen, backen* und *aufbacken* glaube ich zwar herausgefunden zu haben. Schwieriger ist es schon mit *sautieren, pochieren* und *blanchieren*, aber das ist ja auch französisch. („*Panashieren*" tut man übrigens nur Nationalratskandidaten, das muss nicht in der Küche geschehen.). Aber was ist mit den Grenzbereichen der verschiedenen Kategorien? Wann etwa geht „*köcheln*" in „*garen*" über? Da fehlen exakte Angaben oder operationale Definitionen. Als pensionierter Wissenschaftler liebe ich aber Genauigkeit: Eine Versuchsanordnung sollte so exakt beschrieben werden, dass sie jedermann/jedefrau an jedem Ort jederzeit wiederholen kann. Sehr gestört hat mich übrigens, aus hygienischen Gründen, die häufige Empfehlung von „*anschwitzen*". Natürlich kann es in der Küche heiss werden, dann soll man sich halt ab und zu mal Gesicht und Hände waschen. Aber den Schweiss in die Pfanne tropfen lassen? Pfui!

Ich habe aber auch wirklich alarmierende Feststellungen machen müssen: Die Herstellung nicht weniger Gerichte scheint *brandgefährlich* im eigentlichen Wortsinne zu sein. Das wird in der Literatur meist nur durch die beiläufige Formulierung der Gegenmassnahme „ablöschen" angedeutet. Kein Wunder, dass es so oft brennt! Und wenn es dann passiert, empfehlen die Bücher meist, *mit Wein abzulöschen.* Ja, gehts denn noch? Wenn schon löschen, dann gleich richtig mit dem Feuerlöscher, wie er ohnehin in jede Küche gehört, allenfalls noch mit Wasser, aber doch nicht mit alkoholhaltigen und ausserdem noch teuren Getränken (eine Flasche guter *Barolo* kostet bis zu 50 Franken!). Aber viel besser ist es natürlich, derartige Risiken grundsätzlich zu vermeiden und so etwas gar nicht erst zu kochen.

Und schliesslich noch die unrealistisch kurzen Zeitangaben! Ein Beispiel: Für ein Kokosnuss-Lammcurry („Vorbereitungszeit 15 Minuten“, sagt das Kochbuch „*200 x Curry*“) braucht man folgende Zutaten: 2 EL Sonnenblumenöl, 1 Zwiebel, 1 TL geriebenen frischen Ingwer, 2 TL zerdrückten Knoblauch, 1 TL gemahlenen Zimt, 20 Curryblätter, 1 EL Korianderpulver, 1 TL gemahlene Kurkuma (was ist denn das?), 1 TL Chilipulver, 625 Gramm Lammfleisch (ohne Knochen, in Würfel geschnitten), 400 ml Kokosmilch, 200 ml Gemüsebrühe, 100 Gramm geraspelte Kokosnuss, 6 EL gehackter frischer Koriander sowie Salz und Pfeffer. In 15 Minuten? Also, bis ich das alles herausgesucht bzw. gekauft, gezählt und gewogen, geschnitten, gerieben, zerdrückt, gemahlen, in Würfel geschnitten, frisch geraspelt und gehackt habe, ist der Vormittag rum!

Ich werde also das Kochen auch in Zukunft lieber Annelies überlassen, die es ja bestens macht und der ich hiermit meine Bewunderung ausdrücke. Ich selbst mache lieber weiterhin das Frühstück, das kann ich gut, und dann kann sie eine halbe Stunde länger schlafen. Und „tote Enten“ werde ich auch in Zukunft, wie ja auch in einem Lied empfohlen, „besser zum Chinesen bringen“, damit der „was draus macht“.

19. Was die Verkehrsbetriebe für unsere Gesundheit tun

Als ich vor einigen Jahren einmal auf dem Bahnhof in *Halle* (in Sachsen-Anhalt) einen einfahrenden Zug bemerkte, fragte ich eine Beamtin, die ein gut sichtbares Schild mit der Aufschrift „Auskunft" trug, ob dies der erwartete Ersatzzug nach Frankfurt sei. Ihre Antwort lautete: „Das ist durchaus möglich". Das war, wie ich später feststellte, nicht etwa Ignoranz und Unvermögen, sondern ein Teil des Selbstverantwortungs-Trainings, das die *Deutsche Bahn* unter dem Titel *„Finde deinen Weg allein"* seit einigen Jahren mit Erfolg durchführt. Es handelt sich um ein Folgeprogramm des von der DDR übernommenen Programms *„Eile mit Weile*", welches bekanntlich nach der Wiedervereinigung unter dem Namen *„Geduld bringt Rosen*" während einiger Jahrzehnte fortgesetzt worden war.

Das Bewusstsein, auch für die körperliche und geistige Gesundheit der Fahrgäste verantwortlich zu sein, hat sich dann auch bald bei Schweizer Verkehrsbetrieben durchgesetzt. Den Anfang machte die SBB mit ihrem seit Jahren erfolgreichen und inzwischen sehr populären *„Training für das Stehvermögen insbesondere berufstätiger Fahrgäste"*. Sein Grundgedanke, nämlich dass wer in der Dienstleistungsgesellschaft den ganzen Tag auf einem Bürostuhl verbringt, wenigstens morgens und abends seine Beine gebrauchen sollte, wurde in einem massgeschneiderten Programm vorbildlich umgesetzt. Deswegen werden auch in Zukunft besonders häufig gebrauchte Anschlusszüge auf möglichst weit voneinander entfernte Gleise gelegt.

Inzwischen will die SBB auch die geistige Fitness ihrer Benutzer fördern. Deshalb werden gedruckte Fahrpläne nun sukzessive durch elektronische Fahrplan-Apps ersetzt; auch das bisher noch nicht ständig online lebende Fünftel der Bevölkerung soll in die elektronische Selbständigkeit geführt werden. Allerdings sind die Fähigkeiten dieser Programme noch begrenzt. Man kann zwar problemlos herausfinden, wie man von Bern nach Kleinandelfingen kommt, aber komplexere Probleme lassen sich noch nicht lösen. Ein Beispiel: Als Kind hatte ich, wegen ihrer interessanten Namen, zwei Lieblingsorte, die ich einmal besuchen wollte, *Buxtehude* und *Timbuktu. (Buxtehude* war zusätzlich interessant wegen des häufig zu hörenden Spruches: “Geh doch nach Buxtehude, wo die Hunde mit dem Schwanz bellen.“) Man könnte ja auch über *Honolulu* fahren, das ist auch ein schöner Name. Wäre das nicht ein passendes Vorhaben für die nächste Frühjahrsreise? Am besten als Rundreise: Hinreise nach *Timbuktu* über *Buxtehude* (oder umgekehrt?), Rückreise über *Honolulu* wieder nach Hause. Auf meine Fahrplan-Anfrage nach Verbindungen zwischen diesen drei Orten habe ich allerdings keine passenden Auskünfte erhalten – die SBB wollte mich jedes Mal nach *Timolantie* schicken. Vielleicht sind ja die Kamelverbindungen für den mittleren Abschnitt der anvisierten Reise noch nicht im System gespeichert.

Derartige Trainingsprogramme haben sich auch auf lokaler Ebene etabliert. In Bern wurden unter der Kontrolle des Städtischen Gesundheitsamtes mit einer etwas sportlicheren Fahrweise der Busse Testversuche von *Gleichgewicht und Standfestigkeit* der Passagiere vorgenommen; sie zeigten, dass die körperliche Fitness der Berner Bevölkerung den internationalen Standard leicht übertrifft. Deshalb beschloss man, sich auf die mentalen Probleme zu konzentrieren und das Programm *„Geistig fit durch öffentlichen Verkehr“* ins Leben zu rufen. Die verantwortliche Leitung übernahm der Betriebspsychologe *Beat Mummenberg.*

Das Programm ist stufenweise gegliedert, um die teilnehmende Bevölkerung nicht zu überfordern. Die erste Trainingseinheit war vergleichsweise harmlos, es ging um das Training des *Unterscheidungsvermögens zwischen Schein und Wirklichkeit.* So fuhr zum Beispiel das Tram Nr. 9 mit grossen Aufschriften „ROM PARIS LONDON KAPSTADT TOKIO“ durch die Stadt. So lernten die Berner, zwischen den Versprechungen verlockender Aufschriften und der Realität zu unterscheiden. Bald einmal wunderten sich nur noch Touristen darüber, wo das Neuner-Tram überall hinfährt.

Die zweite Stufe, die noch nicht beendet ist, gilt dem Training der *kognitiven Flexibilität.* Als ich vor 45 Jahren nach Bern kam, waren alle Busse und Strassenbahnen in der gleichen Farbe gehalten, einem grüngrauen Farbton, der zu den Fassaden der alten Sandsteinhäuser in der Innenstadt passte. Das hat sich nun gründlich geändert. Heute fahren die Verkehrsmittel in verschiedenen Farben, der Bus Nr. 12 kann mal grau, mal rot, mal gelb (Achtung, das ist eben kein Postbus!) daherkommen. Da das Publikum diese Unterscheidungen nun anscheinend genügend gut beherrscht, wird man die Busse in Zukunft als Lastwagen oder Müllautos tarnen.

Die aktuelle dritte Stufe knüpft an die erste an; sie gilt der Übung, den wahren Inhalt einer Botschaft vom offensichtlichen, aber trügerischen Schein zu unterscheiden. Der erste Versuch findet gerade statt: Das geschmackvolle *„Knochentram“* ist in einem mittelgrauen, leicht glänzenden Farbton gehalten; von diesem Untergrund heben sich in geisterhaftem Weissgrau menschliche Skelette ab: grosse und kleine, Frauen und Männer, in den verschiedenen Positionen des typischen Fahrgastes, also sitzend, stehend, miteinander plaudernd etc. ; sogar ein Hunde-Skelett ist dabei. Der beunruhigte Fahrgast soll lernen, dass das keine Warnung vor den Gefahren des Tramfahrens, sondern nur die Reklame einer orthopädischen Klinik ist; und wie der nach einer Phase der Stagnation wieder leicht ansteigende Ausnützungsgrad dieser Wagen zeigt, hat das auch Erfolg.

Die nächste Stufe soll dann dem Vermögen der *räumlichen Orientierung* gelten; die Passagiere sollen aber zugleich, den Erfahrungen in Deutschland entsprechend , im Sinne der *Steigerung der Eigenverantwortung*, lernen selbst herauszufinden, wann die Haltestelle kommt, an der sie aussteigen wollten. Vorbereitungen dazu hatte man schon seit einiger Zeit mit der schrittweisen Verdeckung der Fenster durch Reklamebilder und Inschriften, mit der willkommenen Nebenwirkung zusätzlicher Werbeeinnahmen, getroffen; es wird künftig immer schwerer werden, hinauszuschauen. Nun sollen auch die Ansagen durch zunehmende Beschäftigung anders-sprachiger Sprecher undeutlicher und die Leuchtanzeigen immer mehr abgedunkelt werden, bis man schliesslich ganz auf sie verzichten kann. Befragungen an den Haltestellen werden den Erfolg überprüfen. – Wir dürfen auf die Weiterführung des Programms gespannt sein.

An der für Anfang April unter dem Motto „Coordination of Desintegration“ angesetzten 37. Sitzung der *KEV (Konferenz Europäischer Verkehrsbetriebe)* soll übrigens über weitere Massnahmen auch im Sinne der gegenwärtigen europäischen Integrationspolitik beraten werden.

20. Über die Nützlichkeit von Fachsprachen

Vor vielen Jahren – inzwischen, bemerke ich gerade, fangen viele meiner Geschichten so an – waren mein jüngerer Bruder, seine Freundin (nennen wir sie B.) und ich mit Auto und Zelt in Italien unterwegs; das war unsere erste Reise in diesem schönen Land. Wir waren jung und heiter, genossen das Meer und bewunderten die Städte mit ihrer grossartigen Architektur, und auch, jedenfalls mein Bruder und ich, den exotischen Reiz der italienischen Frauen. Wir diskutierten natürlich die vielen neuen Eindrücke, und da B. es nicht so gern hatte, wenn wir über die Mädchen sprachen, verwendeten wir auch hier die Begriffe der Architekturwissenschaften, soweit wir sie eben beherrschten. Wir sprachen also über Fassaden, Balkone, Säulen und Kapitelle und kamen damit auch ganz gut zurecht – bis zu dem Moment, als uns einmal auf freiem Feld eine schwarzhaarige Dame begegnete und mein Bruder begeistert ausrief: „Hast du das Portal gesehen?“ Damit waren wir aufgeflogen, und meine spätere Schwägerin war einen Abend lang verstimmt.

Fachsprachen werden von den SpezialistInnen eines bestimmten Gebietes entwickelt, damit sie sich über Einzelheiten ihres Fachgebietes verständigen können, die meist weit über das Interesse der breiteren Gesellschaft hinausgehen. Sie repräsentieren damit also die Bedürfnisse und den Wissensstand, aber wahrscheinlich auch die Marotten und Irrtümer eines Spezialgebietes. Um diesen Funktionen gerecht zu werden, können Fachsprachen oft einen grossen Umfang an Begriffen enthalten; die Fachsprachen etwa der Bergleute, Seeleute oder Jäger enthalten Hunderte von Ausdrücken. Durch die Beherrschung der Fachsprache weist sich ein Diskutant über seine Kenntnisse des Spezialgebietes aus, die Sprache wird zum Merkmal der Zugehörigkeit, die Fachsprache wird zur Gruppensprache, zum „Soziolekt“ (ein Begriff aus der Fachsprache der Sprachwissenschaften).

Wie das eingangs angeführte Beispiel zeigt, eignen sich Fachsprachen auch zur Anwendung auf andere Sachgebiete. Aber dabei ist Vorsicht geboten. So sollten wir unseren Chef nicht mit Begriffen der Zoologie wie *„Leithammel" oder „Schöps*" beschreiben, solange er in Hörweite ist. Konzernleitungen werden es vielleicht nicht unbedingt schätzen, wenn wir ihr Vorgehen gegenüber konkurrierenden Unternehmen als *erlegen, abnicken, aufbrechen und abschwarten* beschreiben, also Begriffe aus der Jägersprache darauf anwenden, obwohl sich gewisse strukturelle Ähnlichkeiten vielleicht nicht leugnen lassen. Geistliche, insbesondere wenn sie selbst die Jagd ausüben, könnten es übernehmen, wenn wir sie als *Schwarzkittel* bezeichnen, einen sonst für Wildschweine reservierten Begriff, obwohl das ja im wörtlichen Sinne auf sie zutrifft. Tatsächlich sind solche Anwendungen ja auch nicht immer schmeichelhaft gemeint. Wenn ein früherer Lehrer uns manchmal aufforderte, uns „*etwas hinter die Löffel zu schreiben*", interpretierten wir das nicht als Ausdruck seiner Wertschätzung.

Aber auch die Vorteile einer solchen Anwendung sind nicht gering zu schätzen, weil sie Analogien und sinnfällige Vergleiche enthalten können. Der aus der Teilchenphysik stammende Begriff der *Halbwertszeit* eignet sich hervorragend zur Beschreibung von Paarbeziehungen. Einen gewissen früheren Kollegen kann ich, unter Verwendung von Begriffen aus der *Weinsprache*, am besten mit den Begriffen *adstringierend und bitter mit Eichengeschmack, aber doch auch toastig* beschreiben. Und wenn ich etwa eine frühere Freundin eines meiner Enkelsöhne als *frisch und fruchtig (Trauben, Aprikosen* und *Haselnüsse), aber mit schnellem Abgang* bezeichne, weiss jeder in der Familie, was gemeint ist.

21. Der Traum vom Glück

Vorgestern Nacht träumte ich von einem Traum. Ich gebe zu, das hört sich kompliziert an, aber in dem Moment war es das nicht. Ich träumte von einem jungen Mann, der in eine Stadt fuhr, um sich um eine bestimmte Stelle zu bewerben. Er bezog das letzte freie und ziemlich überteuerte Hotelzimmer, denn die Stadt war überfüllt: Tausende von Fremden waren angereist, um vom nahegelegenen, mit einer Seilbahn erschlossenen Berg ein nächtliches Himmelsereignis zu beobachten, das nur alle 500 Jahre stattfindet. So fragte ihn der Wirt auch sogleich, ob er auch nachts um 2 Uhr geweckt werden wolle. „Auf keinen Fall“, antwortete er, „morgen muss ich gut ausgeschlafen sein.“ Die in Hörweite befindlichen Gäste vernahmen das mit Befremden.

Tatsächlich schlief unser Freund sehr gut, mehr noch, er hatte ein wunderbares Erlebnis, welches grosse Glücksgefühle auslöste. Beim Erwachen hatte er vergessen, was er erlebt hatte, aber das Gefühl war geblieben, und das sah man ihm auch an. Einer der anderen Gäste wollte ihn ironisch fragen, ob er denn wirklich gut genug geschlafen hätte, aber mitten in der Frage brach er ab und sagte nur: „Ich sehe Ihnen an, Sie haben sich richtig entschieden“, denn immer noch strahlte er das erlebte Glück aus. Und so blieb es. Das Bewerbungsgespräch war ein voller Erfolg; sein neuer Chef gab ihm die Stelle, obwohl er sich eigentlich einen älteren und erfahreneren Mitarbeiter vorgestellt hatte. Und im neuen Betrieb war er sehr erfolgreich, seine positive Ausstrahlung verschaffte ihm schnell eine führende Position. Vor allem mit Anerkennung und Ermunterung und seinem Beispiel führte er seine Abteilung zum Erfolg. So stieg er auf, bis ihn der Inhaber einlud, als Teilhaber einzusteigen.

Als ich aus meinem Traum erwachte, glaubte ich verstanden zu haben: Das Glück ist der Traum vom Glück, wenn man ihn intensiv genug und immer wieder neu träumt. Und man kann ihn tatsächlich immer wieder neu träumen, denn das Glück hat viele Formen. Und das ist wahrscheinlich auch nur eine Art des Glücks. Ich gebe zu, dass diese geträumte Weisheit auch etwas banal anmutet, aber das gehört eben bei den einfachen Lebensweisheiten dazu. *Piet Hein* hat das ja noch radikaler gesehen:

„True wisdom knows, it must comprise

some nonsense as a compromise

lest fools would fail to find it wise".

Nun, ich denke, das geht zu weit. Unsinn wäre übertrieben, aber eine Prise Banalität erhöht die Akzeptanz.

22. Endlich gleichgestellt

Die Gleichstellung des Mannes macht grosse und schnelle Fortschritte. Zur Zeit meines Urgrossvaters, ja noch meines Grossvaters vor 1914 war es zum Beispiel undenkbar, dass ein Offizier in Uniform einen Kinderwagen schob; und das nicht etwa nur, weil er in der Öffentlichkeit immer einen Säbel tragen musste, einen sperrigen Gegenstand, der bei den meisten Verrichtungen eher hinderlich war und beim Gehen mit einer Hand gehalten werden musste, damit er dem Träger nicht zwischen die Beine geriet. Nein, es ging um mehr, nämlich das Auftreten als uniformierter Vertreter des Staates, und um die männliche Würde, die durch Tätigkeiten beschädigt werden konnte, die in den Bereich des weiblichen Lebens gehörten. Glückliche Väter nahmen damals ihr Neugeborenes höchstens einmal ganz vorsichtig in den Arm (es könnte ja etwas an dem zarten Wesen kaputtgehen) und gaben es dann schnell wieder ab. Griff die Frau zum Besen (heute wäre es der Staubsauger), brachte sich der Mann, gegebenenfalls mit dem Hund, in Sicherheit und unternahm einen längeren Spaziergang (kann auch heute noch sinnvoll sein). Arbeit im Haushalt gehörte eindeutig in den weiblichen Lebensbereich, von dem ein Mann zu wenig verstand. Ich erinnere mich daran, wie sorgfältig meine Mutter die Vorratshaltung von Lebensmitteln plante, eine kleine Wissenschaft in einem grossen Gutshaushalt. Nur einmal habe ich erlebt, dass mein Vater in die Haushaltsführung eingriff, nämlich als in einem Vorratsschrank der Reihe nach verschiedene Eimachgläser explodierten. Da verbot er kategorisch, den Schrank zu öffnen, bis er selbst, durch eine dicke Wolldecke geschützt, alle Gläser aus dem Fenster auf den Hof geworfen hatte, wo sie mit einem schönen Geräusch zerplatzten. (Gern hätten wir Kinder da mitgemacht.) Sonst aber beschränkte sich mein Vater auf die Leitung des Gutsbetriebes.

Nun, die Zeiten haben sich gründlich geändert. Nicht nur, dass wir ausser zur Fasnacht keinen Säbel mehr tragen müssen und auch Kinderwagen schieben dürfen: Nach einem fast ein Jahrhundert dauernden Ringen um die Gleichstellung dürfen wir Männer heute fast alles, was früher vorwiegend den Frauen vorbehalten war, zum Beispiel auch für den täglichen Bedarf des Haushaltes einkaufen, Kinder betreuen oder im Haushalt arbeiten. Wer würde da nicht freudig mitmachen?

Was die Betreuung von Kindern anbelangt, kommt die neue Freiheit für mich allerdings zu spät. Alle unsere zahlreichen Enkelkinder sind inzwischen erwachsen; wenn sie Beistand benötigen, geht es nicht mehr darum, ihnen frische Windeln anzulegen oder die Nase zu putzen, sondern ihnen mit Rat und Tat und eventuell Geld beizustehen. (Wie mein Grossvater zu sagen pflegte: "Es soll vorkommen, dass die Nachkommen mit ihrem Einkommen nicht auskommen".) Anders steht es um die Hausarbeit. Da ich nun die Erfahrung gemacht habe, dass es mir nicht immer gelingt, die entsprechenden Arbeiten zur vollen Zufriedenheit meiner Frau zu erledigen, die im Haushalt nach wie vor das Sagen hat, habe ich mich auf bestimmte Gebiete konzentriert, in denen ich mit der Zeit eine gewisse Expertise erlangt zu haben glaube: *Frühstück machen, Wäsche waschen und staubsaugen.*

Zum Bereiten des Frühstücks ist wenig zu sagen, ich praktiziere es seit Jahrzehnten. Über das richtige Eierkochen habe ich schon 1980 in einer wissenschaftlichen Arbeit berichtet.

Das Wäschewaschen ging anfangs nicht ohne Fehlschläge, aber Menschen gelten ja als prinzipiell lernfähige Organismen (*prinzipiell* bedeutet, dass diese Fähigkeit vorwiegend, aber nicht immer beobachtet werden kann), und ich nehme für mich in Anspruch, in dieser Hinsicht keine Ausnahme zu bilden. Nachdem ein von mir gekochter Pullover auf eine Grösse zusammengeschrumpft war, die selbst einem mexikanischen Indiosäugling etwas eng gewesen wäre, aber dafür die solide Struktur einer schussfesten Weste (heute in

Mexiko ja vielleicht sinnvoll) gewonnen hatte, ist mir Ähnliches nicht mehr passiert. Ich habe es auch zu vermeiden gelernt, durch gemeinsames Waschen verschiedenfarbiger Kleidungsstücke neuartige und interessante Farbeffekte hervorzurufen. Nur an das „Knautschen" moderner weiblicher Kleidungsstücke (man dreht sie mit Brachialgewalt zu einer formlosen Wurst zusammen und lässt sie so über Nacht liegen) habe ich mich nicht gewöhnen können. Mein Gewissen verbietet mir das. Ich habe in meiner Kindheit gelernt, dass man Blusen nicht knautscht.

Über das Staubsaugen ist nicht viel zu vermelden; man erfährt dabei, wie vollständig die Wohnung doch möbliert ist. Ich kann mir nicht vorstellen, wie so ein moderner selbsttätiger Roboter-Staubsauger da durchkäme; und kann er die Küchenstühle umdrehen und mit der Sitzfläche auf den Tisch stellen? Ganz abgesehen davon würde es mich nervös machen, wenn so eine Maschine dauernd in der Wohnung herumsurrt. Dann würde ich doch lieber etwas Lebendiges anschaffen, wie zum Beispiel einen temperamentvollen jungen Foxterrier, der allerdings den Staub nicht beseitigt, sondern lediglich besser verteilt.

Das Schöne an häuslichen Tätigkeiten wie Staubsaugen und Wäschewaschen ist, dass sie mir Zeit für philosophische Überlegungen lassen. So dachte ich neulich beim Wäsche aufhängen darüber nach, wie es wohl wäre, wenn wir Menschen zu den Spinnentieren (Arachnidae) gehören würden. Dann hätten wir acht Beine. Wie viele Socken man dann wohl sortieren und aufhängen müsste!

Bleibt das Einkaufen. Das habe ich von Kindesbeinen an geübt und sollte es daher eigentlich beherrschen. Damals schickte man mich manchmal, ausgerüstet mit einem Zettel und einem Einkaufskorb, zu

„Krohm*s*" in den Laden. Weil es dort (vor dem Krieg) manchmal auch Apfelsinen und Bananen gab, hatte er über der Tür ein Schild „Kolonialwaren". Sehr übersichtlich waren dort die Waren angeordnet, die Grundnahrungsmittel wie Zucker, Mehl, Griess oder Graupen in grossen Schubfächern, aus denen Frau Krohm die gewünschte Menge mit einer grossen Blechschaufel in eine Papiertüte füllte. Man konnte darauf hoffen, dass eine Maus in der Schublade war, das kam manchmal vor. Es gab im Prinzip drei Sorten Brot, Schwarzbrot, Graubrot und Weissbrot, aber das Weissbrot und ebenso Brötchen nur an den Wochenenden und Feiertagen. Kaffee, Salz, „Makkaroni" (wo sind die eigentlich geblieben? Heute gibt's ja nur noch Spaghetti!) und Waschmittel waren in kleinen Pappkartons verpackt, Fisch war im grossen Heringsfass oder in einer Holzkiste (geräucherte Bücklinge oder Kieler Sprotten) untergebracht, es gab auch Schokolade der Marke „Sarotti", und in unerreichbarer Höhe, aber gut sichtbar standen oben auf dem Regal in grossen Gläsern bunte Bonbons, von denen man nach Erledigung des Geschäftes einen bekam. Der geschuldete Geldbetrag wurde übrigens in ein Buch eingetragen, und einmal in der Woche gingen die Erwachsenen dann vorbei und bezahlten.

Aber die Welt hat sich, abgesehen von der neuen männlichen Freiheit, auch sonst verändert. Denn die schönen vertrauten Geschäfte meiner Jugend wie eben „Krohms", in denen höchstens 150 verschiedene Waren übersichtlich angeordnet waren, gibt es allenfalls noch auf dem Dorf. An allen Ecken sind sogenannte „Grossverteiler" wie Migros, Coop und neuerdings Aldi und Lidl aus dem Boden geschossen und haben die nützlichen kleinen Läden, deren InhaberInnen man noch persönlich kannte und begrüsste, verdrängt. Die „Zähringer-Migros", in der meine Frau (meistens) und ich (manchmal) einkaufen, ist nur mittelgross (MM, nicht MMM), bietet aber auf einer Fläche von etwa 4000 Quadratmetern nach Schätzung des Filialleiters etwa 25 000 Artikel an: Lebensmittel aller Art, Haushalts- und Toilettenartikel, Papierwaren und (in bescheidenem Umfang) Kleider und Wäsche. Um ein Beispiel zu geben: Die

Zähringer-Migros führt etwa 35 verschiedene Brotsorten, teils mit Phantasienamen wie „Holzerbrot“ oder „Drescherbrot“, teils aber auch mit sachlichen Inhaltsangaben wie „Roggen-Sauerteigbrot“ gekennzeichnet. Dazu kommen etwa ebenso viele Arten von frischem Kleingebäck wie Gipfeli oder Weggli. Die durch psychologische Forschung erhärtete Tatsache, dass dem Menschen am wohlsten ist, wenn er zwischen etwa 6-9 Alternativen wählen kann, hat sich nicht praktisch ausgewirkt, wohl weil es nicht allein um das Wohlbefinden der Kunden geht, sondern auch darum, nicht hinter der Konkurrenz zurückzustehen.

Und mit dieser Warenvielfalt entsteht das Dilemma: In diesem gigantischen Angebot steckt natürlich der Keim zu totaler Verwirrung des naiven Kunden, der in Gefahr gerät, auf der Suche nach einem bestimmten Gegenstand minutenlang zwischen den Regalen umherzuirren und wertvolle Lebenszeit zu verlieren, was wir ja vermeiden wollen (ausser wir teilen die pessimistische Auffassung, Leben bestehe eben genau darin, umherzuirren). Suchend bin ich zum Beispiel neulich umhergeirrt, als ich nach „Aioli“, einer kalabrischen Knoblauchsauce, fahndete. Und dann nach einem ganz profanen Spezimen, nämlich Papiertaschentüchern. Die standen eben nicht in der Nähe des Toilettenpapiers, sondern bei den Parfüms und Seifen. Hier zeigt sich die dem Wissenschaftler wohlbekannte Problematik von Klassifikationen: Es gilt, unter den vielen Merkmalen, welche jeden Gegenstand kennzeichnen, das relevante Kriterium zu finden (es ist die Gliederung des Körpers in zwei Teile und die Zahl der Beine, nicht etwa die Farbe oder Grösse, die den Unterschied zwischen Käfern und Spinnentieren ausmacht). Der Name kann dabei irreführend sein: „Italienischer Salat“ ist kein Salat, sondern eine aus Wurst(?), Eiern, vielerlei Gemüsen und Kartoffeln gemischte cremige Substanz; er steht zu Recht nicht beim Gemüse!

Ich muss zugeben, dass es früher oft noch schwieriger war, bestimmte Gegenstände zu finden, da die Grossverteiler, wahrscheinlich irregeleitet durch falsche Behauptungen angeblicher Marktforscher, ihre Läden häufig umräumten. Um den Kunden dazu zu bringen, möglichst lange im Geschäft zu verweilen und dabei möglichst viel vom Angebot zu sehen, wurden die einzelnen Waren sozusagen immer wieder neu versteckt! Das ist heute jedenfalls in unserer Migros nicht mehr der Fall, vielleicht auch, weil der oberste Migros-Chef nach eigenem Bekunden selbst einkaufen geht, um die Kundenfreundlichkeit der Anordnungen in den Filialen zu überprüfen. Was bleibt, ist die jede menschliche Auffassungsgabe übersteigende Grösse des Angebots.

Wie kann man sich als Kunde dagegen schützen? Ich habe zwei Methoden erprobt und praktisch wirksam gefunden:

1. Man lasse sich nicht von der Vielfalt des Angebots beirren, sondern kaufe von einer bestimmten Art von Waren immer wieder dasselbe. Über die Monate und Jahre lernt man dann, wo die Dinge zu finden sind. Mit maximal 50 verschiedenen Lebensmitteln kommt man gut durchs Leben! Schon Sokrates hat es auf den Punkt gebracht: "Wie zahlreich sind doch die Dinge, deren ich nicht bedarf!"
Beim Brot nehme ich zum Beispiel, wenn vorhanden, das „Nussbrot" (nicht das „Haselnussbrot" oder Walliser Nussbrot"), das mir sehr gut schmeckt. Annelies, viel versierter in der Kunst des Einkaufens, wählt zwischen zwei oder drei Sorten. Am Wochenende kaufe ich dazu einen möglichst nicht zu grossen Zopf. Bei Obst und Gemüse gehe ich möglichst immer zu Bio, damit fällt schon einmal der grösste Teil weg. Zudem beschränke ich mich auf das, was ich kenne, und lasse die Finger von exotischen Früchten und Gemüsen aus fremden Erdteilen. Übrigens verlasse ich mich hier bei der Qualitätssicherung auf die visuelle Prüfung; ich lehne es aus ethischen Gründen ab, jede Frucht nach Art mancher Hausfrauen erst einmal kräftig zu drücken, bevor sie in den Beutel wandert oder zurückgelegt wird. Bei Trauben, die ich sehr gern habe, ist das ohnehin nicht zu empfehlen, es sind zu viele Beeren, und sie nehmen ausserdem leicht Schaden (gilt sinngemäss auch für Himbeeren und Johannisbeeren). Hier kann man aber, nach einem kurzen Blick über die Schulter, schnell mal eine

Testbeere in den Mund stecken.

2. *Im Zweifelsfall und bevor man zu viel Zeit mit Suchen verschwendet, frage man das eigentlich immer freundliche und kompetente Personal.* Bei der Migros funktioniert das einigermassen, weil man tatsächlich hie und da noch jemanden vom Personal findet. In manchen anderen Riesenläden ist man allerdings verloren und allein auf weiter Flur. Manchmal bin ich dann versucht, auf ein Regal zu klettern und zu rufen: "Haaallooo, ist da jemand?"

Schliesslich noch etwas: Ich vermeide es, den „Self-Checkout" zu benutzen. Wie mir eine der Aufsichtspersonen verraten hat, brauchen die Leute dort meist mehr Zeit als an der normalen Kasse, die Kassiererinnen sind einfach besser geübt und schneller. Da lohnt es sich sogar, in der Schlange zu warten.

Übrigens konnte ich vor Jahrzehnten, während eines halbjährigen Aufenthaltes in der damaligen DDR, beim Einkaufen zur Kulturentwicklung des Landes beitragen: Im „Kaufhof" in Leipzig-Grünau, wo ich wohnte, sagte ich, wie ich es aus der Schweiz gewohnt war, an der Kasse immer „Guten Tag", „Vielen Dank" und „Auf Wiedersehen" (ich wollte sie nicht mit „Grüessech", „Merci" und „Adieu" überfordern). Nachdem mich die Verkäuferinnen in den ersten Tagen fassungslos angeschaut hatten, bemerkte ich schon nach zwei Wochen, dass sie wenigstens bei mir ebenfalls unsere zivilisierten Höflichkeitsformen verwendeten. Ob dieser Effekt nachhaltig war, konnte ich leider nicht überprüfen.

Insgesamt erlauben es also die neu errungenen Freiheiten uns Männern, Fähigkeiten zu entwickeln, die seit Jahrtausenden im männlichen Geschlecht schlummerten. So ist unser Leben bunter und befriedigender, kurzum menschlicher geworden. Und das Beste ist, dass sich das Spektrum unserer Handlungsmöglichkeiten ständig erweitert. Jetzt darf ich auch schon in der Stadt Nespresso-Kapseln kaufen.

Übrigens, ich habe neulich in der Zeitung gelesen, dass man daran denkt, Ampeln mit Warnfarben für Lebensmittel (rot = gesundheitsschädlich) einzuführen. Das wäre zu begrüssen; ich würde dann die Wurst leichter finden!

23. Wie man erfolgreich handelt

(Die folgenden Ratschläge, die ich ursprünglich für meine Enkel formuliert habe, sind im Gegensatz zu einigen anderen meiner Ausführungen durchaus ernst gemeint.)

Was Erfolg ist, lässt sich nicht so einfach sagen, und noch schwerer lässt sich bestimmen, was ein erfolgreiches Leben ist; das kann jeder nur für sich selbst beurteilen. Aber ich glaube doch zu wissen, was erfolgreiches Handeln ist, nämlich dass man das Ziel der Handlung erreicht. Was auch immer das sein mag, wir alle wollen mit unseren Handlungen Erfolg haben. Ich habe zu diesem Zweck seit meiner Jugend die folgenden sechs Regeln befolgt. Sie haben mir sehr geholfen und können ja vielleicht auch anderen Menschen nützen.

1. Man kann immer etwas machen.

Was auch immer geschieht, wie schwierig und hoffnungslos eine Lage auch sein mag, es gibt immer Möglichkeiten, etwas aus der Situation zu machen; man darf nur nicht resignieren. Diese Regel habe ich von meinem Vater gelernt. Tatsächlich hat er mehrfach Brüche und Katastrophen erlebt, aus denen er sich herausgearbeitet hat. So zum Beispiel einen fast bankrotten Gutsbetrieb übernommen und saniert, Jahre später seine Familie und sich in letzter Minute unter Beschuss russischer Panzer in Sicherheit gebracht, und am Ende der an diese Flucht anschliessenden Odyssee eine neue Existenz als Kunstmaler aufgebaut. „Etwas machen" heisst: Es gibt Möglichkeiten zu handeln, innerlich, indem man sich auf die Lage einstellt, und äusserlich, indem man etwas unternimmt und einen Zug macht im lebenslangen Schachspiel gegen die Realität.

2. *Erst denken, dann handeln.*

In dieser prägnanten Form war diese fast selbstverständliche Regel auf einem kleinen Plakat in der „Sektion Psychologie“ in Leipzig zu lesen, wo ich in den Jahren 1986/87 in halbes Jahr als Gast-Dozent verbringen durfte. Nicht sofort „kopflos“ handeln, selbst wenn uns wenig Zeit zur Verfügung steht! Diese Regel gilt in allen neuen Situationen, in denen gelernte Routinen oder unsere Reflexe nicht passen. Sie ergibt sich aus der Alltagserfahrung ebenso wie aus meinem wichtigsten Forschungsthema, der „Handlungspsychologie“, die klar gezeigt hat, dass Ziele und Strategien die Grundlagen der Handlungssteuerung sind.

3. Das Wichtigste ist a n f a n g e n !

Diese Regel stammt wieder von meinem Vater. Er wendete sie an, wenn er wieder einmal eine Weile vor einer leeren Leinwand auf seiner Staffelei gesessen hatte. Natürlich haben wir oft eine gewisse Hemmung, anzufangen und damit eine neue Kette von Ereignissen anzustossen, von denen wir ja nur selten wissen, wie sie sich entfalten werden. Aber tatsächlich vergeht die Zeit von selbst, wir müssen ihr dabei nicht helfen, und warten wir zu lange, entschwindet die Gelegenheit.

4. Wenn man auf ein Problem zugeht, wird es meist kleiner.

Als ich vielleicht fünf Jahre alt war, hatten wir auf dem Hof einen Truthahn, vor dem ich mich fürchtete. Er plusterte sich gross auf, scharrte mit den Flügelspitzen am Boden, wenn er im Stechschritt auf und ab marschierte, und kollerte dazu – offensichtlich ein gefährliches Tier. Mein Grossvater, der mich einmal beobachtet hatte, kam auf den Hof und sagte: „Nimm deinen Mut zusammen und geh einfach gerade auf ihn zu, du wirst sehen, dann wird er ganz klein. Es kann dir nichts passieren, ich bleibe in der Nähe“. Da überwand ich mich und ging, wie er es gesagt hatte, einfach gerade auf das Biest zu, und siehe da, es wurde mit einem Mal klein und schlank wie eine Truthenne und lief davon. Und mein Grossvater sagte: „Siehst du, so ist das oft im Leben: Wenn man ein Problem hat und man geht gerade darauf zu, dann wird es kleiner".

5. Prinzipiell sind Grenzen zu beachten, aber manchmal muss man, um sein Ziel zu erreichen, nach sorgfältiger Abwägung des Für und Wider und ohne andere zu schädigen, eine Grenze überschreiten.

Es war, glaube ich, im November 1938, als morgens jemand hereinkam und berichtete, vor kurzem habe ein Mann ein Schwein aus dem Stall gestohlen. Der alarmierte Landjäger kam auf seinem Fahrrad, mein Vater zog seine grossen Stiefel an und sagte zu mir: „Du kannst mitkommen, aber wir müssen schnell laufen, und wenn ich es sage, musst du zurückbleiben." So liefen wir bald in östlicher Richtung über ein Feld, es war kalt, die nasse Erde klebte schwer an den Schuhen, und es fiel mir schwer, mit den Erwachsenen Schritt zu halten. Bald sahen wir den Dieb, der das Schwein an einem Strick führte, aber er kam nur langsam vorwärts, denn das Tier liess sich nur mühsam ziehen, es wollte zurück in seinen warmen Stall. Auf einmal blieb der Landjäger stehen und sagte: "Nu kann ich nich weiter, hier ist die Jrenze"; er meinte die Grenze zur Provinz Pommern, wo sein Zuständigkeitsbereich endete. Mein Vater rief: „Die Grenze ist mir gleich, ich will das Schwein. Mario, bleib hier", und schon rannte er los. Als der Dieb sah, dass er bald eingeholt würde, liess er das Schwein los und lief in einen nahe gelegenen Wald, und mein Vater brachte das Tier triumphierend zurück.

Einige Male in meinem Leben habe ich gedacht: "die Grenze ist mir gleich, ich will das Schwein", und habe damit Erfolg gehabt.

6. Wenn man etwas wirklich will, wird man es wahrscheinlich erreichen, aber leider oft eine Nummer zu klein.

Auch diese Regel, aus der die Weisheit und Erfahrung des Alters spricht, stammt von meinem Grossvater. Unsere Erwartungen werden eben leider oft enttäuscht, wenn wir ein Ziel erreicht haben. Die Realität ist oft nicht so grossartig, wie sie uns in unseren Träumen vorschwebt. Unsere Erwartungen werden oft enttäuscht, wenn wir ein Ziel erst einmal erreicht haben. Das hat aber auch sein Gutes: es hilft uns neue Ziele zu bilden und nicht stehen zu bleiben.

7. Irgendwann muss man aufhören

„Und schliesslich, wie ich gerade bei der wiederholten Überarbeitung dieser Geschichten erfahren habe: Man muss auch einmal einen Punkt setzen, das Ergebnis so stehen lassen und die Handlung (oder das Projekt) beenden.

Wie schon gesagt, diese Regeln haben mir oft geholfen. Erfolg zu haben ist aber nicht alles, man muss diesen auch verwerten können, und auf unser Wohlbefinden bezogen heisst das, man muss auch Zufriedenheit oder sogar Glück empfinden können, wenn man Erfolg hat. Und das ist manchmal schwieriger als das Handeln selbst.

24. Eis-Tennis

Die grosse asphaltierte und völlig ebene Fläche auf dem Grundstück meines Bruders war schon vorhanden, als er es vor einigen Jahren erwarb. Da man sonst nichts Vernünftiges damit anfangen konnte, er aber die Abbruchkosten scheute, richteten wir darauf einen Tennisplatz ein; Asphalt ist zwar vielleicht nicht der ideale Belag dafür, aber besser so einer als überhaupt kein Tennisplatz.

Vor einigen Jahren Anfang Dezember regnete es einmal heftig, bevor es dann in der Nacht kräftig fror. „Spiegelglatt“, meinte ich zu meinem Bruder, „darauf kann man unmöglich spielen. Ausser mit Steigeisen.“ – „Oder mit Schlittschuhen. Versuchen wir‘s doch mal“!

Und das taten wir auch. Fast eine Stunde lang kämpften wir zugleich um die Bälle und unser Gleichgewicht. Selbst eine kräftig geschlagene Angabe brachte uns manchmal zu Fall. Vorsichtshalber legten wir Knieschützer und Velohelme an und stopften unsere Hosen an der Sitzfläche mit kleinen Kissen aus. Da wir beide weder sehr gute Tennisspieler noch exzellente Schlittschuhläufer sind, muss das sehr komisch ausgesehen haben, jedenfalls ertönte vom Gartenzaun her bald lautes Gelächter, die Passanten amüsierten sich offenbar. Nun, wir überstanden die Partie mit ein paar blauen Flecken und erschöpft, aber ohne grössere Verletzungen. Spannend wäre auch ein gemischtes Doppel gewesen, aber unsere Frauen weigerten sich standhaft, einen Versuch zu wagen.

Aber das Ganze muss sich herumgesprochen haben, denn am anderen Tag fragten verschiedene Nachbarn, ob sie auch einmal probieren dürften („Gern, aber auf eigene Gefahr!“), und im Lokalblatt erschien ein Foto und eine kleine Notiz. Und dann sagte sich der

Tourismusdirektor von *Zürs* in Vorarlberg zu einem Besuch an. Das sei eine interessante Idee, meinte er, so liessen sich die Tennisplätze auch im Winter und die Eissporthalle im Sommer besser nutzen; allerdings lehnte er es ab, selbst einen Versuch zu machen. Da wir geahnt hatten, dass in der Sache offenbar wirtschaftliche Möglichkeiten steckten, hatten wir vorsorglich noch am Tag vor seinem Besuch ein Patent auf Eis-Tennis und Eis-Tennis-Plätze angemeldet, und erklärten uns gern zu Verhandlungen bereit. Und tatsächlich kam die Sache ins Rollen. Im Verein mit einer hiesigen Baufirma konnten wir einen guten Gewinn erzielen. Allerdings konnte Zürs seine Pionierrolle als exklusiver Anbieter nur einen Winter lang aufrechterhalten, andere Ferienorte zogen nach. Aber auch dort konnten wir mitmischen, und inzwischen läuft das Geschäft gut. Schon im Jahr darauf fanden die ersten Turniere statt. Heute gibt es natürlich Verbände und Meisterschaften; wir sind Ehrenmitglieder des „Österreichischen Eistennis-Verbandes“. Und die Industrie überbietet sich in der Entwicklung immer neuer Tennis-Schlittschuhe und Schutzkleidung, dringend empfohlen, denn Stürze können doch recht schmerzhaft sein. Wer aber zufällig schon eine Eishockey-Ausrüstung im Haus hat: das genügt.

Allerdings haben sich die Stars des herkömmlichen Tennis wie Roger Federer, Raffael Nadal und die Williams- Schwestern bisher nicht beteiligt, sie fürchten Einkommensverluste im Fall einer doch nicht ganz unwahrscheinlichen Verletzung. Und die meisten Eishockeyspieler verachten diesen Sport; sie meinen, das sei etwas für Softies.

Nun hat sich Katar, in der Hoffnung, auch als Wintersportort Erfolg zu haben, um die Austragung der ersten Weltmeisterschaften beworben; mit etwas Nachhilfe durch den Emir wird der Antrag wohl durchkommen. Jedenfalls sind wir bereits als Ehrengäste eingeladen worden. Ich freue mich schon auf einen Kamelritt in der Wüste und werde mich auch dafür passend kleiden. Vielleicht ziehe ich meine hinten gut gepolsterte Eis-Tennishose an.

25. Faszination Werbung

Wenn ich niesen muss, klingt das wie „JYSK“ – dabei werbe ich doch gar nicht für dieses dänische Möbelhaus! Aber wenn ich es täte, wäre es auch nicht so schlimm, denn die Werbung ist ein integraler Bestandteil der modernen Kultur, und sie hilft uns, unsere kognitiven und emotionalen Fähigkeiten weiterzuentwickeln, und sei es nur, weil sie uns zum Staunen und Nachdenken anregt. Und manchmal ist sie geradezu faszinierend. *„Spanisches Lebensgefühl in Gunzenhausen“* jubilierte ein Sprecher des Bayrischen Rundfunks, als wir neulich gerade in Bayern unterwegs waren, und wir waren ernsthaft versucht, unsere Reiseroute entsprechend abzuändern.

Als Kind, das vorwiegend auf dem Dorf lebte, war ich fasziniert von der nächtlichen Farbenpracht der Werbung in der Grossstadt Berlin, wenn wir einmal dorthin fuhren. Und in der U-Bahn lernte ich einige der Werbesprüche auswendig, ich kann sie noch heute. “So nötig wie die Braut zur Trauung ist Bullrichsalz für die Verdauung“. „Sogar der Jäger aus Kurpfalz nahm dreimal täglich Bullrichsalz“. „Wähle stets das Beste nur Ozeda Mop und Politur“. Und, etwas unheimlich: „Im Darm sitzt der Tod. Darum esst Bäcker ... (den Namen habe ich verdrängt) Gesundheitsbrot.“ (Wie mir ein kurzer Klick auf Google zeigte, sitzt der Tod übrigens immer noch am gleichen Ort.)

Später, im Krieg, waren die Städte dunkel, aber an manchen Hauswänden gab es noch bunte Metallschilder mit Sprüchen wie „Trink Coca Cola“ oder „Darauf einen Dujardin“, mit denen wir nichts anfangen konnten, weil es die entsprechenden Produkte ja nicht gab. Aber die Sprüche waren einprägsam, so wie später die Reklamesprüche an den Autobahnbrücken in der DDR („Triumph krönt die Figur“).

Heute interessiert mich an der Werbung vor allem ihre tiefere Bedeutung. Das beginnt mit den Firmennamen: Was zum Beispiel bedeutet der Name „Naf Naf“ eines Kleidergeschäftes? Ich dachte zuerst, es handle sich um ein Wort aus der Sprache der Khoi-Khoi Buschmänner, aber die ausgestellten Kostüme sahen deutlich anders aus als das, was diese Leute zu tragen pflegen. Es wurde schnell klar, es war ein Kleiderladen, und zwar für Frauen, was nicht weiter verwundert, weil das Verhältnis der modischen Angebote für Frauen und Männer, Gleichstellung hin oder her, schätzungsweise 6:1 beträgt. Ich konnte feststellen, dass es sich um eine französische Marke handelt, und bei den Franzosen kann man sowieso nicht wissen. Nun, vielleicht finde ich es noch heraus.

Ebenfalls an Frauen (vermutete ich wenigstens) richtet sich die Ankündigung am Schaufenster eines der vielen Coiffeur-Salons in der Länggasse: „Curlys Locken-Schneidetechnik nach Brian McLean“. In meiner Kindheit verwendete der sog. Volksmund bei den verschiedensten Gelegenheiten den lockeren Spruch „Methode Sauerbruch“, nach dem berühmten Chirurgen, wenn man andeuten wollte, dass man etwas besonders schnell, praktisch und effizient erledigte: Man konnte etwa die Hecke nach „Methode Sauerbruch“ schneiden. Handelt es sich bei dieser Locken-Schneidetechnik um etwas Ähnliches? Ist diese Technik besonders schnell und effizient, oder ist das Ergebnis besonders ansprechend? Ich vermute das Letztere; da Frauen beim Coiffeur doppelt so viel wie Männer zahlen müssen, eine Ungerechtigkeit, zu der sich die Frauenrechtlerinnen übrigens bisher ausschweigen, sollte das Ergebnis ja wenigstens in ästhetischer Hinsicht befriedigen. Gewisse Unklarheiten blieben aber bestehen: entstehen hier die Locken durch das Schneiden, oder werden sie vielmehr entfernt? Und wer ist Brian McLean?

Auch hier half Wikipedia weiter. Alle Abbildungen von mit Curlys behandelten Damen zeigen eine geradezu unerhörte Lockenpracht; da kann unmöglich viel abgeschnitten worden sein. (Damit war zugleich auch klar, dass ich selbst mit meinen noch vollen, aber ergrauten und selten länger als 7 cm langen Haaren dort an der falschen Adresse gewesen wäre.) Leider aber bleibt die Person des „Lockenpapstes“ McLean selbst im Dunkeln. Da gibt es einen Brian McLean als „Managing Partner“ von PWC, und einen ursprünglich irischen Footballspieler, der nach erfolgreicher Karriere jetzt als Centerback in Brunei spielt, genauer gesagt beim *Brunei DPMM FC* (zu Deutsch „Ihrer Hoheit des Prinzen von Brunei Al-Muhtadee Billah Football Club“). Diese beiden McLeans haben, wie die Fotos eindeutig zeigen, zwar Haare, aber keinerlei Locken.

Warum versteckt sich der richtige McLean? Ich habe einen Verdacht: der Lockenpapst selbst ist völlig blank, er hat kein Haar mehr auf dem Kopf! Das würde zugleich die Fixierung auf das Thema Locken als einen Versuch zur Trauma-Bewältigung erklären. Wir werden dem weiter nachgehen.

Wenn ich das Haus verlasse, komme ich rechts nach wenigen Schritten am Eingangsschild einer privaten Augenklinik vorbei. *„Exzellente Medizin und menschliche Behandlung“* wird da versprochen. Und jedes Mal fühle ich aufs Neue eine tiefe Genugtuung, dass dort, in meiner unmittelbaren Nachbarschaft, niemand unmenschlich behandelt wird. Wende ich mich aber nach links, gelange ich, vorbei an einer „Öffentlichen Velopumpe“, die aber vorsichtshalber fest einbetoniert ist, schnell zu einer „Orientalischen Gourmet-Oase“. Das soll ja wohl auch heissen, dass das übrige Quartier, trotz seiner zahlreichen Restaurants, für Gourmets Wüste ist.

Am Bahnhofplatz sah ich neulich ein Plakat von *Burger King*: Für nur 3 Franken und 80 Rappen konnte man 9 (in Worten: *neun*) Hamburger erwerben, das heisst: 1 Hamburger kostet 42,22222 (periodisch) Rappen. Endlich einmal etwas, das auch Männer interessiert! Von neun Hamburgern kann sich ein Mensch bequem einen Tag lang ernähren – drei zum Frühstück, vier zum Mittagessen und die verbleibenden zwei zum Abendessen, wo man ja leichter speisen sollte. Jeweils noch einen Apfel dazu, das würde für die nötige Vitaminzufuhr sorgen, und die ganze Ernährung, rechnen wir die Kosten der 3 Äpfel mit ein, für etwa 6.20 Franken am Tag! Annelies sprach allerdings auf meinen Vorschlag nicht an.

Wie kommt *Burger King* zu diesem Angebot? Mein erster Verdacht: Es hatte ja am 25. Dezember gegen 13.30 Uhr in der Berner *Burger-King*-Filiale in der Genfergasse gebrannt; könnte es sich bei diesen sensationellen Okkasionen um aus dem Feuer gerettete Hamburger handeln? Den abgebildeten Exemplaren konnte man nichts Ungewöhnliches ansehen, ich bin allerdings kein Spezialist für Hamburger. Aber ich habe diesen Gedanken aus drei Gründen wieder verworfen: 1. Ein solches Vorgehen wäre eines seriösen und renommierten internationalen Unternehmens unwürdig. 2. Wenn es herauskäme, und heutzutage kommt ja alles heraus, könnte es dem Ruf der Firma schaden. Dieses Risiko würden sie, um ein paar gerettete Hamburger zu verkaufen, nicht eingehen. 3. Die Werbefachleute der Firma hätten es sich kaum nehmen lassen, den Zusatz „Neu: Mit interessantem Rauchgeschmack“ hinzuzufügen.

In diesem Zusammenhang übrigens noch eine interessante Frage: Die Filiale war ja sicher gegen Feuer versichert, aber schloss die Versicherung die Hamburger mit ein? Genauer gesagt, kann man etwas, was dazu bestimmt ist gebraten zu werden, gegen Feuer versichern? Und wenn ja, kann ein Experte feststellen, ob eine leichte Verkohlung vom bestimmungsgemässen Bratvorgang oder von einem Schadfeuer herrührt? Schon wieder Fragen, die sich ohne gründliches

Studium der einschlägigen Literatur nicht beantworten lassen.

Wenn man so in der Stadt herumwandert, erlebt man aber auch Schmerzliches: Heute sah ich an einem Beauty-Salon die Ankündigung *"Beauty-Kurse für Damen und Jugendliche"*. Und ich? Schon wieder werden wir alten Männer diskriminiert; es wäre wirklich an der Zeit, auf die Barrikaden zu gehen.

Und dann gibt es noch – zurück zum Thema Werbung – die Sonderangebote, vorwiegend bei den Grossverteilern. Das ist ja nicht völlig neu: Als ich es als Student zu einer eigenen Bude mit Kochplatte gebracht hatte, habe ich vorwiegend von Sonderangeboten gelebt. „Heringe in Tomatensosse um 50% billiger!" Dann gab es eben eine Woche lang Heringe in Tomatensosse, abwechselnd mit Pellkartoffeln oder Nudeln, oder einmal als Festessen für meine Freunde. Was mir an den heutigen Sonderangeboten auffällt, sind die oft daran geknüpften vertrackten Bedingungen: Wer etwa zwischen dem 15. und 20. November eine Bio-Klobürste kauft, erhält 59,5 x mehr Bonuspunkte, aber nur für den Einkauf von Paranüssen, Pelati und Melanzane grigliate! Schade, unsere Klobürsten sind zwar nicht bio, aber alle noch ganz ansehnlich. Und Klobürsten auf Vorrat zu kaufen wäre irgendwie pervers.

Übrigens, die Rolex „Submariner" Taucheruhr ist bis 300 Meter Tiefe wasserdicht! Da ich selbst meist nur 3 Meter tief tauche, hätte ich immer noch eine Reserve von 297 Metern. Schön zu wissen!

26. Erst vier Jahre Zweiball: ein Rückblick

(aus „DIE SPORTWELT“ vom 10.8.2026)

Am 2. August 2026 wurde in Lausanne, wie wir kurz berichtet haben, in einer schlichten Feier die *Swiss Twoball Federation* (STF) gegründet. Da manche Leser sich noch kein rechtes Bild machen konnten, worum es sich da handelt, reichen wir eine Erklärung nach.

Zweiball ist ein relativ neues Mannschaftsspiel, erobert aber die Sportwelt mit grosser Geschwindigkeit. Wie kam es dazu, dass dieses faszinierende Spiel erst jetzt oder gerade jetzt erfunden wurde? Nur soviel weiss man bereits, nämlich dass es im FIFA-Vorstand vor vier Jahren zu einem Konflikt über ein finanzielles Problem gekommen sein muss (Näheres liegt noch im Dunklen, da sich alle Beteiligten zum Schweigen verpflichtet haben). In der Folge sind jedenfalls *Ronaldo Raffini* und *Maximilian Nafziger*, alte Hasen im Verbandsgeschäft, ausgeschieden; wie freiwillig, ist ungeklärt. So suchten sie nun nach einem Arbeitsfeld, in das sie ihre in langjähriger Tätigkeit als Sportfunktionäre erworbenen Fähigkeiten, insbesondere in den Berufsfeldern Fussball-Management, -Finanzierung, -Organisation und -Politik einbringen konnten, und das zugleich den gewohnten Lebensstandard sicherte. Und als sie dann auf einem Spaziergang eine trainierende Gruppe von Erstklässlern beobachteten, kam ihnen, und zwar offenbar beiden zugleich, wie ein Blitz die Erkenntnis: *Zwei Bälle anstatt nur eines Balls, und wir haben ein völlig neues und doch sehr ähnliches Spiel! „Denkst du das Gleiche wie ich?“,* fragte *Maximilian*, und *Ronaldo* hielt statt einer Antwort zwei Finger hoch, wie ein Siegeszeichen. „Sonst muss man fast nichts ändern.“ Und die langjährigen Partner hatten sich verstanden, wie *Raffini* in einem Interview mit der SPORTWELT berichtete.

Das Einfache ist oft das Beste. Tatsächlich kann man, wenn man von einer Fussballbasis aus *Zweiball* betreiben will, fast alle materiellen

Strukturen beibehalten: die Stadien und den Platz mit den gewohnten Markierungen und Toren, die Ausrüstung der Spieler und ebenso die Grundzüge der organisatorischen Basis vom Verein bis zum Verband und den Fanclubs. Aber die Anforderungen an die aktiv Beteiligten sind gewaltig gestiegen, alle müssen nun das Geschehen um zwei Bälle auf dem Feld verfolgen und Entscheidungen treffen, wo ihr persönliches Eingreifen am meisten Erfolg verspricht. Nicht einfach, blitzschnell zu entscheiden, welchen von den beiden Bällen man mit grösseren Erfolgschancen spielen sollte, falls sie gleichzeitig vor einem Spieler auftauchen! Besonders die Torwarte sind gefordert. Zugegeben, das ist ein Extremfall, aber Ähnliches geschieht nicht selten. Schon in den ersten Probespielen zeigte sich, dass auch sehr erfahrene Schiedsrichter mit der Aufgabe, sich auf zwei Brennpunkte zugleich zu konzentrieren, überfordert waren. Also mussten zwei Schiedsrichter eingesetzt werden, nun aber verschieden gekleidet und mit verschieden tönenden Pfeifen ausgerüstet; und dazu noch ein „Spielrichter“, der bei Konflikten zwischen den Schiedsrichtern entscheidet. Kein Wunder, dass das Spiel bei den meisten Schiedsrichtern grossen Anklang fand, winkten doch gleich dreifache Beschäftigungsmöglichkeiten. Bei den Toren wurde von Anfang an die Kameraüberwachung eingeführt, konnten doch im Grenzfall zwei Bälle gleichzeitig auf das Tor geschossen werden. Wegen der Kollisionsgefahr verzichtete man jedoch auf den Einsatz von zwei Torwarten pro Tor – eigentlich schade. Die Frage, ob die Bälle sich optisch, etwa in der Farbe, unterscheiden oder sogar dem Tenue der Schiedsrichter angepasst sein sollten, wird noch diskutiert. Eine grössere Änderung wurde aber erforderlich: Die Regeln mussten angepasst werden. Dieser Prozess ist noch im Gange, es müssen noch mehr Erfahrungen gesammelt werden.

Leichter als man glauben sollte, war es hingegen, Vereine für die ersten Erprobungen zu gewinnen. Wie überall im menschlichen Leben gibt es auch beim Fussball wagemutige Vorstände, Spieler und Fan-Organisationen, die Lust verspüren, Neues zu erproben, und andererseits Underdogs, die sich ungerecht behandelt und benachteiligt fühlen und dem System gern auch mal eins auswischen wollen. Die Sportausrüster hatten naturgemäss auch nichts dagegen, mehr Bälle, Tenues, Schuhe und Socken zu produzieren und zu liefern, und die Versicherungsgesellschaften sind immer gern bereit, neue Risiken zu versichern, falls sich am Horizont die Morgenröte neuer Gewinnchancen abzeichnet (*Zweiball* muss aber nicht zwingend auch zweifaches Risiko für die Beteiligten bedeuten).

So hat sich das ganze System erstaunlich schnell etabliert; hier liegt die Schweiz einmal vorn. Und bei den grossen Fussballvereinen, so hört man jedenfalls, denkt man darüber nach, ob man künftig neben dem Fussball auch *Zweiball* einführen sollte. So könnte man die bestehenden Strukturen besser nutzen und mehr Gewinn erzielen. Jedenfalls hat sich der Eigentümer von *Lausanne Komet,* der (allerdings in Genf logierende) *Michael Kropotkowitsch,* schon in diesem Sinn geäussert. Aber auch andere Ballsportarten werden mit der Variante „zwei Bälle" wohl bald nachziehen. Wir hoffen aber, dass im Eishockey auch künftig auf einen zweiten Puck verzichtet wird; das Spiel ist einfach zu schnell, man käme da als Zuschauer nicht mehr nach.

Die ersten Fernseh- und Radioübertragungen trugen eher kabarettistische Züge, hatten doch die Sportreporter Mühe, mit der Dynamik der Entwicklungen auf dem Spielfeld mitzuhalten. Aber auch das hat zur Beliebtheit dieses Sportes beim Publikum beigetragen. Für das Endspiel der für Ende Oktober geplanten ersten Schweizer Meisterschaften haben sich übrigens gleich zwei Bundesräte angemeldet.

27. SENPROTEKT: Ein neuer Weg zur Überwachung widerspenstiger Senioren (Seniorinnen sind mitgemeint)

Die Liebe zu den Eltern und Grosseltern ist einer der edelsten und ältesten Züge des Menschen; erwachsen aus der frühkindlichen Bindung, einer Voraussetzung zur Entwicklung voller Menschlichkeit, dauert sie meist an, bis die Älteren diese Welt verlassen haben. Und da mit dem Alter die Kräfte und Fähigkeiten nachlassen, verwandelt diese Zuneigung sich allmählich in liebevolle Fürsorge; man möchte die geliebten Menschen vor Unfällen und Krankheiten bewahren.

Aber ebenso alt wie diese Regung ist der Widerstand, den die Alten dagegen leisten. Ältere Menschen, und mehr noch seit wir sie „Senioren" nennen, möchten meist ihr gewohntes Leben fortsetzen, und dazu gehören eben auch die jahrelang gewohnten Tätigkeiten. So ist schon so mancher alte Bauer vom Kirschbaum gefallen, auf den ihn, wie all die Jahrzehnte vorher, die reifen Früchte lockten; zumal die Jungen oft nicht mehr die Zeit finden, sie ordnungsgemäss zu pflücken, um den gefrässigen Vögeln zuvorzukommen. Es hat keinen Sinn, diese Tendenz als „Altersstarrsinn" abzutun, denn auch sie gehört zum Menschen, wenigstens in unserer Kultur. Und da sich Lebenserwartung und gesundheitlicher Zustand der Menschen in der modernen Welt ständig verbessern, wird auch dieses Bedürfnis nach Selbstbehauptung immer deutlicher. Und die am Ende der Kindheit und dem Übergang ins Erwachsenenalter (bei uns „Pubertät" genannt) im Ringen um Selbständigkeit entstandenen Gefühle, Listen und subversiven Strategien sind ja nicht einfach verschwunden, sondern lediglich in ältere Hirnareale abgesunken, aus denen sie nun wieder emporsteigen, was den Umgang mit den Alten zusätzlich erschwert.

Aus dieser Konstellation widerstreitender Zielsetzungen können dauerhafte Konflikte zwischen den Generationen entstehen. Zwar haben fürsorgliche bürgerliche Politiker schon lange vergebens versucht, das Rentenalter anzuheben, denn am Arbeitsplatz wären auch Senioren, wenn sie nicht gerade als Industriekletterer oder in ähnlicher Funktion gearbeitet haben, meist gut aufgehoben (und ausserdem könnten die Unternehmen dadurch noch Geld sparen); aber es sieht nicht so aus, als ob dieser Vorschlag bald mehrheitsfähig werden wird.

Das alles wurde mir klar, als meine Kinder, selbst schon nicht mehr so jung, darauf bestanden, mir zu meinem bevorstehenden 86. Geburtstag ein „Smartphone" zu schenken; obwohl ich mich bemüht habe, ihnen zu erklären, dass ich das etwa so dringend brauche wie ein Fisch ein Fahrrad, beharren sie auf ihrer Absicht. Ihre Begründung: Auf meinen (ich meine: ohnehin nur noch kleineren) Wanderungen im Gebirge soll ich es angestellt bei mir tragen, damit ich jederzeit gerettet werden kann. Nun, normalerweise schalte ich mein gutes altes Klapp-Handy (Nokia 2760 Jahrgang 2007) ja nur an hohen Feiertagen an; aber auf dringendes Verlangen von Annelies nehme ich es seit einigen Jahren beim Wandern in Betrieb, wenn ich es nicht vergessen habe. (Nicht einmal *Hägar der Schreckliche* würde sich widersetzen, wenn seine Frau ein dringendes Verlangen äussert.) Das genüge eben nicht, sagen meine Kinder: Auf dem Smartphone könne eine „App" installiert werden, die mich direkt mit der Bergrettung verbinde. Das ist liebevolle Fürsorge, für die ich dankbar bin, wenngleich sich auch bei mir das Gefühl regt, das doch gar nicht zu brauchen. Andererseits muss ich wohl froh sein, dass sie nicht ständig einen Helikopter über mir kreisen lassen; das käme allerdings auch ziemlich teuer.

Und damit entstand in meinem Kopf mit einem Mal eine

G E S C H Ä F T S – I D E E, die erste meines Lebens (ich betone das Wort Geschäft, denn ich hatte in meinem Leben schon so manche Ideen, die aber durchwegs keinen finanziellen Gewinn, sondern lediglich Kosten erzeugt haben): *Den Nachkommen die fürsorgliche Überwachung ihrer Vorfahren zu erleichtern, und zwar zu tragbaren Preisen.* Das kann auf zweierlei Weise geschehen, nämlich durch den Einsatz

1. modernster technischen Hilfsmittel und

2. geschulten Hilfspersonals.

Genau das wird *SENPROTECT* anbieten!

Zu Punkt 1:

Moderne Smartphones erlauben es, den Standort des Seniors ständig zu verfolgen: *„Durch immer ausgereiftere Technik können die Standorte von Mobiltelefonen bis auf wenige Meter genau auf interaktiven Karten angezeigt werden"* (habe ich gegoogelt). Das ist sehr praktisch, da Diebe und Terroristen das manchmal nicht wissen; die Vorbereitung ihrer Einsätze lässt ihnen offenbar zu wenig Zeit zum Googeln. Der grösste Teil der modernen Menschheit aber ist praktisch sowieso immer „online" und erlaubt dadurch eine lückenlose diskrete Überwachung. Voraussetzung ist allerdings die Installation einer besonderen App, die eingeschaltet sein muss, damit die Ortung funktioniert.

Darin liegt allerdings der Haken: Werden unsere Senioren, sei es aus Vergesslichkeit oder Widerborstigkeit, es nicht bisweilen unterlassen, ihr Mobiltelefon mit der entsprechenden Einrichtung einzuschalten? Inzwischen scheint es allerdings auch möglich zu sein, eine solche App ohne Wissen des Handy-Benutzers zu installieren und einzuschalten. Das ist bei uns allerdings aus Datenschutzgründen verboten. Bei Einverständnis der Träger aber würde ich eine sehr einfache Vorrichtung, eine Art Bewegungssensor, vorschlagen, um das Gerät im Falle des Ausgangs immer automatisch zu aktivieren.

Was aber, wenn unser Senior das Gerät gar nicht ständig mitführt, sei es dass er nicht will, sei es dass er längst vergessen hat, wo er es das letzte Mal abgelegt hat? Für diesen Fall kann ich mir verschiedene Einrichtungen vorstellen: Man könnte zum Beispiel im Schuh oder in der Kleidung einen Ortungs-Chip (z.B. von Brother Inc.: „Kleinste Bauart für die Anbringung an versteckten Stellen" für nur 19.95 Euro) anbringen. Oder noch besser: Schenken Sie Ihrem geliebten Senior einen Hund, dem Sie einen Chip einpflanzen liessen: Das ist erlaubt (ich meine das Einpflanzen beim Hund, wenn es durch einen approbierten Tierarzt geschieht). Senioren lieben ja Hunde, und ohne ihn wird er nicht mehr ausgehen. Und wenn er gutwillig ist: Man kann ihm auch selbst einen Chip einpflanzen lassen. Wenn er aber ohne Stock nicht mehr gehen kann, lässt sich auch dieser entsprechend nachrüsten. Und noch eine weitere technische Möglichkeit: Eine auf dem Dach an einer Aufladestation angedockte Drohne, die mit einer Kamera ausgerüstet ist, der Zielperson überallhin unauffällig folgt und ihren Standort meldet, sowie ob sie sich in den letzten 5 Minuten noch bewegt hat. Die Flugdauer dieser Geräte ist zwar begrenzt, aber die Ausgehdauer von Senioren ja ebenfalls. Beobachtungslücken können sich hier allerdings ergeben, wenn unser Senior häufig U-Bahn fährt. (Kleine Spaziergänge in stillgelegten Bergwerken sind ja nur im Ruhrgebiet üblich.)

Zu Punkt 2:

Wie man also sieht, gibt es zahlreiche technische Hilfsmöglichkeiten, und dieser Kreis erweitert sich ständig, denn menschlicher Erfindergeist ruht bekanntlich nie. Die Geräte werden auch immer billiger. Um aber die sparsamste und doch zielführende Möglichkeit bieten zu können, wird *SENPROTECT* eine versierte Beratung durch geschulte Spezialisten anbieten. Das kann für die Firma nicht so teuer sein, schliesslich gibt es genügend junge Leute, die viel von Informatik verstehen, sonst aber nur begrenzte Kenntnisse und Fähigkeiten besitzen. Sie sind nicht so teuer, und den adäquaten Umgang mit Senioren und deren Angehörigen sollten sie mit einigem Training erlernen können.

Insgesamt wird *SENPROTECT,* nach unserem von Bankspezialisten überprüften Businessplan, etwa 8% Rendite erwirtschaften, immer noch ein ganz anständiges Ergebnis.

Was aber mich persönlich anbelangt, werde ich mir bald nach meinem Geburtstag, wenn ich die Funktionsweise des neuen Gerätes verstanden zu haben glaube, nicht etwa einen Chip einpflanzen lassen, sondern eine spezielle Sicherheitstasche für mein Smartphone zulegen, die aufgrund einer eingebauten Aluminiumfolie keinerlei Ortung oder sonstige Spitzelei zulässt; auch das ist im Handel für wenig Geld erhältlich. Auf Wanderungen nehme ich das Gerät dann einfach heraus. Ausserdem werde ich, wenn immer möglich, laut pfeifen, auch das kann ja zur Ortung beitragen.

----

* Meinen lieben Kindern mit Dank für ihr nützliches Geschenk gewidmet.

28. Über die Nützlichkeit herkömmlicher Methoden

Wegen einer Knieoperation musste ich eine Woche in einem Spital verbringen. Das Pflegepersonal war kompetent, offensichtlich gut ausgebildet und persönlich engagiert, ich wurde bestens gepflegt. In einem Fall aber kamen sie an ihre Grenzen: Ein Patient in unserem Zimmer, der erst abends um neun Uhr operiert worden war, litt offensichtlich an einer post-operativen Psychose. Er schrie die ganze Nacht hindurch bis in den Vormittag hinein, laut und fast ohne Unterbruch, niemand von den anderen Patienten im Zimmer konnte Ruhe finden, geschweige denn schlafen. Und die Reaktion der Pflegepersonen erinnerte an die Entschuldigung der untätigen Polizisten, als eine beim Zirkus Knie ausgerissene Elefantenkuh friedlich durch die Zürcher Bahnhofstrasse spazierte: „Das kam bei uns in der Ausbildung nicht vor.“ Sie waren offensichtlich hilflos.

Nicht so die slowakische Putzfrau, eine freundliche, stets heitere blonde Dame, aber wahrscheinlich ohne eine Spezialausbildung im Umgang mit Patienten. Sie klopfte kräftig mit dem Besenstiel auf den Boden und rief energisch: “Du jetzt einmal still sein, andere Patienten brauchen Ruhe!“ Und siehe da, für etwa fünf Minuten herrschte wohltuende Stille, danach kam nur noch ein viel leiseres Wimmern, bis unser armer Mitpatient dann gegen Mittag in die Psychiatrie verlegt wurde.

Die erprobten traditionellen Methoden aus dem Handlungsrepertoire des Alltags erzielen eben manchmal noch die beste Wirkung.

29. Themenfreie Tage: Ein Vorschlag an die Redaktionsleitungen aller Medien

Sehr geehrte Damen und Herren RedaktionsleiterInnen und Medien-DirektorInnen,

Zur Förderung der geistigen Gesundheit Ihrer Nutzer, insbesondere durch Verhütung von *Thematischer Überbewertung* einerseits oder *Sättigung* andererseits, schlage ich vor, dass die Medien sich, natürlich freiwillig, darauf einigen, gewisse Themen an bestimmten Tagen sowohl in Berichten als auch Kommentaren nicht zu berühren. Um einige Beispiele zu geben: Montag könnte ein „Trump-freier Tag“ sein, was immer er auch am Wochenende getwittert oder unterschrieben hat; Mittwoch wäre ein „Erdogan-freier Tag“, auch wenn er gerade neue faschistische Staaten entdeckt hat, Freitag ein „Brexit-freier Tag“, und wenn sich Boris Johnson und Jean-Claude Juncker auf den Kopf stellen und mit den Füssen strampeln.

Eine solche Massnahme würde auch bald einen günstigen Nebeneffekt hervorrufen, nämlich dass die betroffenen Protagonisten an diesen Tagen nichts unternehmen, weil ja niemand darüber berichten würde; das könnte der Welt nur guttun. Und wirklich wichtige Meldungen werden einen Tag später immer noch wichtig sein, ja eher noch wichtiger geworden sein.

Ich bitte Sie, meinen Vorschlag wohlwollend zu prüfen.

Mit den besten Empfehlungen

Mario von Cranach, Bern

P.S. Diesen Brief habe ich an verschiedene Redaktionen geschickt, aber leider nie eine Antwort erhalten.

30. Elefanten in Latterbach

„Am Wochenende müssen wir nach Latterbach, wegen der Elefanten“, sagt Annelies. „Wieso das?“, frage ich beunruhigt, denn bisher mussten wir in Latterbach *(Anm.: gemeint ist unser Ferienhaus im Simmental)* zwar manchmal Kühe abwehren, die unseren Garten interessanter als ihre Wiese finden, aber Probleme mit Elefanten hatten wir eigentlich nie. „Das ist ganz einfach“, sagt Annelies, „also pass auf: die Mutter von Christian, dem früheren Freund von Anni *(Anm.: das ist Annelies zweite Tochter)* hat eine Sammlung von Elefanten, die sie gern loswerden möchte. Also hat Anni für sie eine Anzeige in Facebook aufgegeben, und ausgerechnet Ulrike *(Anm.: das ist eine meiner Schwiegertöchter)* hat sich gemeldet – sie möchte die Sammlung für ihre Mutter in Ellwangen erwerben. Da nun Martin, der Sohn von Alberta (*Anm.: das ist eine Freundin von Ulrikes Mutter)* mit seiner Frau Angelika und drei Kindern, Sebastian, Pascal und Annette, für eine Woche nach Latterbach kommt, will Anni die Elefanten nach Latterbach bringen, damit Martin sie dann nach Ellwangen mitnehmen kann. Er weiss aber noch nichts davon.“

Ich muss einen Moment nachdenken, dann frage ich: „Wieso will Albertas Mutter – die muss ja schon uralt sein – ausgerechnet in Latterbach Christian Elefanten für Ulrike schenken, und wie viele sind das und wie gross, und wieso steht das in Facebook, aber Martin, Angelika, Sebastian, Peter und Annette wissen noch gar nicht, dass sie für eine Woche nach Latterbach kommen? Das alles klingt ja geradezu surrealistisch! Und wenn sie nicht kommen, bleiben wir dann auf den Elefanten sitzen?“ Nun muss Annelies einen Moment nachdenken, dann sagt sie: „Also noch einmal: ......“

(Anm. M.v.C.: Da ich nicht weiss, ab die angeführten Personen es schätzen würden, literarisch verewigt zu werden, habe ich die meisten Namen geändert).

31. Waldmäuse - ein leider einseitiger Briefwechsel

An das
Bundesamt für Umwelt

Papiermühlestr. 162

3063 Ittigen

26. 6. 2017

Betr.: Ökologische Probleme bei der Freilassung gefangener Waldmäuse

Sehr geehrte Damen und Herren

In den letzten Tagen hatten wir in der Küche und Speisekammer in unserem Haus in Latterbach (Simmental) wieder einmal eine Invasion von Waldmäusen (Apodemus sylvaticus). Seit vorgestern Morgen habe ich mit Hilfe zweier mit Käse bestückter Käfigfallen (deutsche Mäuse fängt man bekanntlich mit Speck, Schweizer Mäuse aber natürlich mit Käse) 9 (in Worten: *neun*) von ihnen gefangen. Da es mir widerstrebte, die herzigen kleinen Tiere (glattes graubraunes Fell, grosse Ohren, schwarze Knopfaugen und langer Schwanz) einfach im Brunnen zu ersäufen, habe ich sie mit dem Auto in einen Wald am anderen Ufer der Simme gebracht, in der Hoffnung, dass sie keine Lust haben werden, den Fluss zu durchschwimmen und mehrere Kilometer über das freie Feld zu laufen, um wieder zu uns zurückzukehren; so schön ist unsere Speisekammer schliesslich auch nicht. Zu Fuss wäre mir diese Transport-Aktion schwergefallen, da ich noch an den Folgen einer Knieoperation leide.

Da wir nun aber nicht mehr im Holozän, sondern im Ökozän leben, erscheint es geboten, auch über die ökologische Seite dieser Aktion nachzudenken. Sicher sind Waldmäuse in ihrer Art nützliche Tiere und haben ihren angemessenen Platz im Schweizer Ökosystem; sie zu schonen erscheint daher gerechtfertigt. Habe ich mit meiner Mäusetaxi-Aktion in das ökologische Gleichgewicht eingegriffen? Nun, es leben zwar jetzt auf dem linken Simme-Ufer 9 Mäuse weniger, auf dem rechten dafür 9 Mäuse mehr, aber angesichts der Grösse der Mäusepopulationen auf beiden Seiten kann man das vielleicht vernachlässigen.

Anders steht es mit meiner Transport-Methode: Ich bin insgesamt mit meinem 14 Jahre alten Subaru Forrester (Normverbrauch 9,5 Liter Benzin, aber man weiss ja, darauf kann man nicht vertrauen) viermal hin- und hergefahren und habe so im Dienst der Waldmäuse 34,95 Kilometer zurückgelegt, also pro Maus 3,883 Kilometer, und dabei die Atmosphäre mit Treibhausgasen und Feinstaub belastet. War es das wert? Es gilt also, eine Ökobilanz zu erstellen, die Luftbelastung und Waldmaus-Leben gegeneinander aufrechnet. Dazu aber bedarf es fachlicher Kompetenzen; insbesondere den ökologischen Wert eines Waldmauslebens korrekt zu berechnen, ist mir mangels spezifischer Fachkenntnisse nicht möglich.

Ich möchte Sie daher bitten, mir mit Ihrem fachlichen Wissen beizustehen und bei der Lösung des Problems zu helfen.

Mit den besten Empfehlungen und freundlichen Grüssen

(Unterschrift)

Da ich bis heute leider keine Antwort erhalten habe und wohl auch nicht mehr damit rechnen kann, habe ich darüber nachgedacht, wie diese wohl ausgefallen wäre, wenn sie denn erfolgt wäre. Hier mein Vorschlag:

Bundesamt für Umwelt

Betr.: Ihr Schreiben vom 26.6.2017

Sehr geehrter Herr von Cranach

Ihre Anfrage bezüglich der Ökobilanz von Waldmaus-Transporten haben wir, da es sich um eine Frage von grundsätzlicher Bedeutung handelt, der zuständigen Expertenkommission vorgelegt. Diese ist nach gründlicher Beratung zu folgendem Schluss gelangt:

- 1. Der ökologische Wert von Waldmäusen hängt vor allem davon ab, in welchem Biotop sie leben.
- 2. Grundsätzlich wird er für in ihrem natürlichen Biotop, also im Wald lebende Waldmäuse aus einem Basiswert, dem „Waldmausfaktor", und zusätzlichen individuellen Faktoren wie Alter, Geschlecht und Gesundheitszustand der Maus berechnet.
- 3. Waldmäuse, die in Speisekammern leben, besitzen hingegen einen ökologischen Basiswert von 0 (null).
- 4. Durch den Transport in einen Wald, wie im vorliegenden Fall geschehen, werden sie ökologisch aufgewertet und besitzen nach ihrer Ankunft in ihrer natürlichen Umgebung den Basiswert des Waldmausfaktors.
- 5. Damit ihr Gesamtwert festgelegt und eine Ökobilanz erstellt werden kann, müssen Angaben über die oben unter Punkt 2 erwähnten individuellen Faktoren nachgereicht werden.
- 6. Die Expertenkommission weist aber noch darauf hin, dass es sich im vorliegenden Fall nicht nur um ein ökologisches Problem handelt, sondern auch verhaltensethische und humanitäre Fragen zu

lösen sind. Sie empfiehlt dem Fragesteller deshalb, sich auch an die Ethikkommission seines Kantons zu wenden.

Mit den besten Empfehlungen (Unterschrift)

32. Der Zahn im Urhuhn

Seit Tagen kreisen meine Gedanken um einen Zahn. Es handelt sich dabei nicht, wie manche Leser jetzt vielleicht vermuten, um einen „steilen Zahn“, wie man früher unter männlichen Jugendlichen ein attraktives Wesen weiblichen Geschlechts bezeichnete, sondern um einen echten Zahn (lat. Dens): Einer der in meinem Mund noch vorhandenen 33 Zähne war während eines friedlichen Abendessens im Familienkreis einfach abgebrochen, ohne dass ich dabei auf etwas besonders Hartes gebissen hätte; die Zahnwurzel, das konnte ich deutlich spüren, war noch im Kiefer befestigt. Christian, der älteste und frechste meiner Enkel, meinte dazu, angesichts meines so jugendlichen Erscheinungsbildes und Gesundheitszustandes handle es sich wohl um den letzten Milchzahn. Das brachte die Anwesenden zum Lachen, eine dem Ernst der Situation völlig unangemessene Reaktion.

Es waren nicht etwa die wahrscheinlich erheblichen zahnärztlichen Kosten, die mich am meisten beunruhigten, oder die mit der zahnärztlichen Behandlung zwangsläufig verbundenen Unannehmlichkeiten. Was mir Sorgen bereitete, war vor allem die Frage, ob das nun so weitergeht. Man bedenke: Ein wesentlicher Bestandteil meines Körpers hat sich einfach abgelöst. Nun bin ich ja keine Eidechse, die notfalls auch einmal auf ein Stück Schwanz verzichten kann, kein Vogel, der ab und zu eben eine Feder verliert: Alle wichtigen Bestandteile meines Körpers, wenn man von den Haaren absieht, waren, so dachte ich, dauerhaft fest mit ihm verbunden. Wenn sich nun weitere Zähne so einfach sang- und klanglos verabschieden, oder wenn ich plötzlich einen Finger verliere? Davon habe ich wie die meisten Leute nur zehn! Und diesem abgebrochenen Zahn sieht man nichts an, ich habe das Stück sorgfältig betrachtet; andere Körperteile schauen da wesentlich älter aus. Kurzum, die Vergänglichkeit alles Irdischen wurde mir in beunruhigender Weise bewusst.

Und dann gab es da ein zweites Problem: Was sollte ich mit diesem Stück Zahn anfangen? Schliesslich hat es mir etwa 80 Jahre lang treu gedient, mir geholfen, auch Hartes und Zähes zu zerkleinern, und keinerlei Probleme gemacht; nicht ein einziges Mal musste ich seinetwegen zum Zahnarzt. So etwas kann man doch nicht einfach in den Müll werfen! Andererseits erschien es auch übertrieben, ihn würdevoll zu beerdigen.

Nun, für dieses Problem habe ich eine Lösung und damit auch wieder mehr seelische Ruhe gefunden. In unserer Kühltruhe schlummert seit etwa 20 Jahren ein natürlich tiefgefrorenes Brathuhn, wir nennen es „das Urhuhn“. Es ist nicht zum Verzehr bestimmt, vielmehr soll es der Wissenschaft dienen. Ich vertraue darauf, dass meine Nachkommen meine testamentarischen Verfügungen erfüllen. Angesichts der Klimaerwärmung werden sich Fossilien ja ohnehin nur in der Kühltruhe über die Jahrtausende halten.

Man stelle sich die Begeisterung künftiger Paläontologen vor, wenn sie in einigen tausend Jahren ein Huhn aus dem 21. Jahrhundert finden, zwar ohne Kopf, Füsse und Federn, aber sonst vollständig, die Innereien in einem kleinen Kunststoff-Säcklein im Leibesinneren verpackt. Und ins Innere dieses Urhuhns habe ich sorgfältig, ohne Spuren zu hinterlassen, das Fragment des Zahnes praktiziert, ein kleines rätselhaftes, weisses Gebilde, wie es kein anderer bekannter Vogel im Leibe trägt.

Dieser Zahn im Urhuhn wird ihnen zu denken geben! Ganze Dissertationen werden darüber geschrieben werden, neue Theorien über die Lebensweise urzeitlicher Hühner werden diskutiert werden: Tyrannisierten sie als *Raubhühner* ihre Umgebung? (Schliesslich ist man in der Paläontologie ja gewohnt, ganze Theoriegebäude auf einen Backenzahn zu gründen.) Vielleicht wird dann ein Paleo-Literaturhistoriker auf diesen Text stossen und das Rätsel aufklären. So kann es letzten Endes durchaus verdienstvoll sein, die Wissenschaft mit neuen Fragestellungen zu versorgen – in diesem Fall sogar mit einem Problem, das sich nur interdisziplinär, in der Kooperation von Ornitho-Paläologen, Spezialisten der Zahnmedizingeschichte und Paleo-Literasturhistorikern lösen lässt. Gerade diese Disziplinen wurden ja bisher allzu selten erwähnt, wenn es um „Die ungelösten Probleme der Wissenschaft" geht. Das sollte sich spätestens damit endlich ändern. Und so findet ein traumatisches Ereignis doch noch einen wenigstens teilweise befriedigenden Abschluss.

33. In der Ruhe liegt die Kraft

Unsere Provence-Ferien verbrachten wir unter anderem auch in der lebhaften kleinen Hafenstadt *Cassis*. Der einzige Briefkasten, den ich fand, um ein paar Postkarten einzuwerfen, befand sich direkt bei der Post. Gross, dick und leuchtend gelb flösste er schon durch sein Erscheinungsbild Vertrauen ein, ganz anders als die kleinen verrosteten Briefkästen, die in manchen südeuropäischen Städten an bröckelnden Hauswänden angebracht sind, und von denen man nicht weiss, ob sie noch jemals geleert werden. Aber dann fanden wir die Klappe zum Einwerfen fest mit Klebeband verschlossen, und eine angeklebte Bekanntmachung wies darauf hin, man solle die Briefe direkt auf der Post abgeben – die aber leider geschlossen war, denn es war Samstagnachmittag. Eine freundliche Anwohnerin erklärte mir, die Pöstler hätten vor einigen Tagen den Schlüssel zum Briefkasten verloren, nun müsse man warten, bis der Schlosser aus den Ferien zurück sei, um ihn zu öffnen. (Pech für Leute, die vorher Post eingeworfen hatten!) Es habe aber keinen Sinn, zu dem zweiten Briefkasten zu laufen, der sich oben im Villenviertel befände, denn der werde vor Montag auch nicht geleert werden – wenn nicht überhaupt erst am Mittwoch! Also warf ich die Karten am Montagmorgen in einen dafür bestimmten Pappkarton in der Poststelle, und sie sind tatsächlich noch einen Tag vor uns in der Schweiz angekommen. Als wir Cassis 3 Tage später wieder verliessen, war der Schlosser noch in den Ferien.

Aber eigentlich haben die Bewohner von Cassis ja Glück, dass sie überhaupt noch eine Poststelle im Städtchen haben – bei uns in der Schweiz wäre sie sicher schon längst dichtgemacht worden. Schliesslich kann man Briefmarken ja auch in der Apotheke kaufen! Und an der Länggass-Post gibt es keinen Briefkasten mehr, den man am Sonntag benutzen kann. (Die Schweizer Briefpost schafft sich selbst ab.)

Und wenn in der Ruhe wirklich die Kraft liegt, dann hat die französische Post noch gute Zeiten zu erwarten.

34. Probleme mit der Nächstenliebe

„Du sollst deinen Nächsten lieben wie dich selbst“, gebietet uns das Christentum. Aber das bereitete mir bis vor kurzem theoretische und praktische Probleme.

Ein- bis zweimal im Jahr bin ich zum Beispiel stark erkältet und habe einen blühenden Schnupfen. Aber wenn ich Schnupfen habe, finde ich mich scheusslich, es ist mir unmöglich, mich zu lieben. Und schon stehe ich vor gleich zwei Problemen: Muss ich meinen Nächsten lieben, wenn ER oder SIE Schnupfen hat? Nun, das ginge ja noch, wenn mit der Liebe eine gewisse räumliche Distanz vereinbar sein sollte. Aber muss ich meinen Nächsten lieben, und zwar nach Massgabe der Selbstliebe, wenn ICH Schnupfen habe?

Ein anderes Beispiel: Ich stand an der Loeb-Ecke, dem beliebten und belebten Berner Treffpunkt, und wartete auf meinen Sohn, mit dem ich verabredet war. Unaufhörlich flutete eine Menschenmenge an mir vorüber, Menschen aller Art, aller Hautfarben und von allen Kontinenten, ein kleiner, zwar nicht repräsentativer, aber doch sehr illustrativer Ausschnitt der Menschheit. Eine Menge von „Nächsten“, manche sogar zu nah im räumlichen Sinne. Wenn man nun seinen Nächsten lieben soll, muss man dann nicht die Menschheit als Gesamtheit aller Nächsten noch viel mehr lieben? Ich begann, die vorbeiziehende Menge zu betrachten, aber leider war es mir ganz unmöglich, besonders positive Gefühle für sie aufzubringen. Also betrachtete ich nun die einzelnen Menschen in dieser Menge. Einige schienen mir durchaus liebenswert, andere sehr viel weniger, wobei ich mich, wie ich zugeben muss, an äusseren Merkmalen orientierte, die vielleicht mit dem Wesen dieser Individuen wenig zu tun haben. Etwas warm ums Herz wurde mir nur bei Kleinkindern – aber, das haben wir von Konrad Lorenz gelernt, das ist eben die Wirkung des

„Kindchen-Schemas". Insgesamt, so fand ich, war es ziemlich schwierig, meine vielen Nächsten zu lieben.

Spät, aber nicht zu spät, kam mir schliesslich die Goldene Regel des Internet-Zeitalters in den Sinn: Wenn du Probleme hast, sollst du googeln! Und damit fand ich schnell heraus, dass die Theologen, findig wie sie sind, das Problem längst entschärft haben: die „Nächsten" sind Leute, die Hilfe brauchen, und „lieben" meint nicht ein Gefühl, sondern „tätige Nächstenliebe": Man soll ihnen Gutes tun. Damit bin ich einverstanden, finde aber, das hätten sie auch gleich sagen können! Wollten sie mich durch unklare Formulierungen zum Nachdenken bringen? Das wäre ihnen gelungen. Und – um diesen Gedanken weiterzuspinnen – ist das der Grund dafür, dass religiöse Texte oft so geheimnisvoll formuliert sind?

Schliesslich wandte ich mich mit diesen Problemen an zwei Freunde, welche mir als ausgewiesene Fachleute auf dem Gebiet der Ethik kompetent schienen, mir zu raten. Ihren teilweise sehr umfassenden Stellungnahmen durfte ich entnehmen, dass die sog. „Goldene Regel" als Voraussetzung eines friedlichen Zusammenlebens in allen Hochkulturen, und das zum Teil schon vor tausenden von Jahren, formuliert worden ist; auch im Judentum war sie schon vor Christus bekannt. „Nächste" sind alle Mitmenschen, auch wenn sie gerade nicht in der Nähe sind – wobei die „Feindesliebe" besonders schwierig ist. Es handelt sich nicht nur um ein religiöses Gebot, sondern auch um eine Forderung der sog. „Vernunftethik". Und schliesslich sollte man zwischen *strategischer*, also *egoistisch* begründeter, und wirklich *ethisch* begründeter Nächstenliebe unterscheiden. Das alles hat mich etwas beruhigt, vor allem weil ja anzunehmen ist, dass die Menschen schon vor Tausenden von Jahren in Grenzsituationen Schwierigkeiten damit hatten und doch irgendwie klargekommen sind. Allerdings, ob der Schnupfen damals überhaupt schon erfunden worden war, und ob er eine Grenzsituation darstellt, müsste noch geklärt werden.

35. Ein Mass aller Dinge

Im Oktober habe ich für unser Boot einen neuen Aussenbordmotor gekauft, weil die vorbildliche Schweiz als einziges europäisches Land keine Zweitakt-Motoren mehr in ihren Gewässern duldet. Der Mercury F6MLH hat CHF 1'342.20 gekostet, sagen wir einmal rund 1'340 Stutz.

Schon im September war einer meiner Zähne abgebrochen – an anderer Stelle habe ich bereits über das tragische Ereignis berichtet. Mein Zahnarzt hat, in mehreren Sitzungen, die ich in seiner Praxis verbrachte und in Zusammenarbeit mit einer zahntechnischen Werkstatt, einen *Stiftzahn* angefertigt bzw. anfertigen lassen, eine der letzten grossen Aufgaben vor seiner Pensionierung. Diesen hat er mir vor zwei Wochen eingesetzt. Und nun ist auch die Rechnung eingetroffen, sie beläuft sich auf CHF 2'419.20, runden wir einmal ab auf 2'420. Das hätte also (ebenfalls abgerundet) für 1,8 Aussenbordmotoren gereicht. Denn seither geht es mir nicht mehr aus dem Kopf, ganz automatisch vergleiche ich alle möglichen Rechnungen mit den Kosten des Stiftzahns. So wird zum Beispiel die Reinigung unseres Wohnzimmerteppichs, welche Annelies für nötig befand, ca. 0.25 Stiftzahn kosten, meine neue Winterjacke 0.15 Stiftzahn. Eignet sich der Stiftzahn als Vergleichseinheit zur Bemessung der verschiedenen Kosten unserer Lebensführung und Planung künftiger Ausgaben? Das wäre sehr nützlich, denn ich könnte natürlich auch die Höhe meiner monatlichen Pension, die mir der Kanton Bern getreulich seit vielen Jahren überweist, in Stiftzähnen berechnen (aber das geht meine Leser nichts an). Und wenn ich diesen Bewertungsmassstab einführe, würde Annelies ihn akzeptieren? Denn es handelt sich ja schliesslich um meinen, nicht um ihren Stiftzahn.

Aber es lassen sich auch andere Berechnungen anstellen. Ich habe noch 33 Zähne im Mund, nicht schlecht für mein Alter. Der Wert meines Gebisses, nur die Zähne, nicht die Kieferknochen gerechnet, beträgt also rund CHF 82'280. Machen wir einen kleinen Abzug, weil einige meiner Zähne schief und krumm in Mund stehen (im Krieg gab es keine Zahnspangen): 80 000 Franken. Allerhand, das hätte ich mir gar nicht zugetraut!

Aber das wäre nicht die einzige Nutzungsmöglichkeit. Würde ich zum Beispiel die Mühe auf mich nehmen, die vielen Rechnungen und Abrechnungen der Krankenkasse durchzuarbeiten, würde ich vielleicht herausfinden, was meine letzte Knieprothese gekostet hat, und den Wert des Kniegelenks in Stiftzahn-Einheiten berechnen. Und so könnte man, mit Hilfe von Vergleichsdaten von anderen Patienten, den Wert eines ganzen Menschenkörpers in Form von Ersatzteilen abschätzen: Was würde es kosten, ihn vollständig zu ersetzen? Nur beim Hirn wäre das etwas schwierig, aber ich bin sicher, die Neurophysiologen arbeiten daran. Es wäre blasphemisch, den Wert eines Menschen in Stiftzahn-Einheiten abschätzen zu wollen, aber wenigstens der Wert der materiellen Basis liesse sich bestimmen. Und dann könnten wir sogar die Kosten eines Krieges in vernichteten Menschenleben berechnen. Und das alles auf der Grundlage meines Stiftzahns! Ich muss sagen, das hätte ich nicht von ihm erwartet.

Aber manche Vergleiche führen auch zu erstaunlichen Ergebnissen. So kostet Annelies' neues Hörgerät mehr als CHF 4 000, also 1.6666 periodisch Stiftzähne. Apropos: So ein winziges Ding ist fast dreimal teurer als unser neuer schwarz-glänzender mit ausgefeilter Technik ausgestatteter Motor, der immerhin 26 Kilo wiegt. Da stimmt doch irgendetwas nicht! Allerdings wird sich die Krankenkasse am Aussenborder nicht beteiligen, obwohl doch saubereres Wasser sicher auch der Volksgesundheit dient.

Ein erdgasbetriebener Döner-Schneide-Roboter hingegen kostet 22.17 Stiftzähne. Und Prinz Salman von Saudi-Arabien hätte sich anstatt Leonardos „Salvator Mundi“ 187 599 Stiftzähne leisten können, vielleicht sogar 187 600, denn ein gewisser Mengenrabatt hätte doch wohl dringelegen. Das hätte locker gereicht für alle Saudi-Prinzen und sonstigen Emire sowie ihre Lieblingskamele.

Der griechische Philosoph *Protagoras* (um 450 v. Chr.) hat den berühmten Homo-mensura-Satz geprägt: „Der Mensch ist das Mass aller Dinge, der Seienden, dass sie sind, der Nichtseienden, dass sie nicht sind.“ Jetzt sehen wir: Es braucht gar nicht den ganzen Menschen, ein Stiftzahn genügt völlig! Die Philosophen streiten allerdings noch heute darum, ob der zitierte Satz ein Ausdruck von Überheblichkeit oder von Bescheidenheit ist. Das würden sie, würde sich mein Stiftzahn als universeller Bewertungsmassstab durchsetzen, hier sicher auch tun.

36. Polonia

Der folgende Dialog verdient es, der Nachwelt überliefert zu werden. Er wurde so wie berichtet geführt, während einer der Europäischen Konferenzen zur *Bologna-Studienreform* in Wien, und wurde mir dankenswerter Weise von *Katharina von Cranach* übermittelt. Wie schön, wenn die Bürger die Politik hinterfragen! Davon lebt die Demokratie.

11. März 2010, U3-Station Neubaugasse Richtung Ottakring. Der Wagen ist recht voll. Unter den neu Zugestiegenen ist eine Dame in auffallend langhaarigem Pelzmantel und mit ihr ein Herr. Die beiden finden keine Sitzplätze. Sie stehen in der Mitte des Wagens neben den Türen. Als die Garnitur anfährt, setzen sie ihr offenbar schon zuvor begonnenes Gespräch fort.

Sie: Und wegen was is des?

Er: Na, wegen Bologna!

Sie: Was ... Polonia ...

Er: Na, Bologna, so nennt ma des! Wegen die Studenten!

Sie: Wie, wegen die Studenten ...?

Er: Na, wegen der EU!

Sie: Wie, wegen der EU … und wieso?

Er: Na, die ganzen Studenten von der ganzen EU!

Sie: Wie, von der ganzen EU?

Er: Na, eben, des haasst Bologna!

Sie: Was ... Polonia ...?

Er: Die machen a Konferenz!

Sie: ???

Er: Ja, na, des nennt ma Bologna. Des haasst so!

Sie: -----

Er: Vastehst?

Sie: Polonia oder Kolonia?

Er: Bologna haasst des!

Sie steigen an der Station Westbahnhof aus. Schade.

37. Meine soliden Vorurteile

Während meines doch schon ganz schön langen Lebens habe ich oft die Erfahrung gemacht, dass alles auch ganz anders sein kann, als ich es mir vorstellte. Trotzdem fühle, denke und handle ich in bestimmten Situationen, auch entgegen meinen Erfahrungen und dem Zeitgeist, ohne lange nachzudenken so, als ob ich ohnehin wüsste was richtig ist; kurzum, ich bin nicht frei von Vorurteilen. Dazu zwei Beispiele:

1. Der Inder im Musikgeschäft

In einem kanadischen Einkaufszentrum betrat ich einmal ein Musikgeschäft, um nach einer bestimmten CD zu fragen. Es handelte sich um einen riesigen Laden, gross wie eine Turnhalle und voller gefüllter Regale; und hinter der Kasse sass ein Inder. Er war in einen weissen Pyjama gekleidet und hatte einen roten Turban auf dem Kopf. Und nun zögerte ich einen Moment, als ich auf ihn zutrat: Kann man einen Inder im weissen Pyjama mit rotem Turban nach *Bachs Goldberg-Variationen*, gespielt von *Glenn Gould*, fragen? Nun ich tat es. „Die frühere oder die spätere Einspielung?“, fragte er zurück? „Ich finde die spätere besser“, sagte ich. „Ich auch“, antwortete er, „ich denke wir haben sie.“ Er ging zu einem bestimmten Regal, und holte sie. Ich habe mich etwas geschämt über mein ethnozentrisches Vorurteil, aber: Wenn ich wieder einmal in diesen Laden ginge und hinter der Kasse sässe ein Papua, mit einem Lendenschurz bekleidet und einem Nasenpflock im Gesicht, würde ich wieder ähnlich reagieren (na ja, er vielleicht auch).

2. *Frauen und Blumen*

In ernst gemeinten Veröffentlichungen „entlarven“ feministische Wissenschaftlerinnen ein rücksichtsvolles Verhalten von Männern gegenüber Frauen als Versuch, die Männerherrschaft über das weibliche Geschlecht aufrechtzuhalten. In einem Berliner Gymnasium verlangen die Schüler die Entfernung eines lyrischen Verses von der Fassade, welcher Frauen (indirekt) mit Blumen vergleicht: Das sei ein sexistischer Gedanke und widerspreche unseren modernen ethischen Vorstellungen. In der Zeitung „Der Bund“ empfiehlt eine Journalistin, kleine Buben mit Puppenwagen spielen zu lassen, damit sie später keine Sexisten werden.

Ich habe in meinem Leben viele Fehler gemacht, aber ich habe nie eine Frau sexuell belästigt. Ich hatte nie das Bedürfnis, eine Frau in den Po zu zwicken, und hätte ich den Wunsch verspürt, hätte ich, moderne Gesetzesnormen vorausnehmend, gefragt, ob ich darf. Und hätte die Antwort „Heute lieber nicht, morgen dann wieder“ gelautet, hätte ich eben bis morgen gewartet. Und doch: Wenn die eingangs zitierten Auffassungen richtig sind, bin ich ein ganz übler sexistischer Macho, ein „Frauenhasser“, denn ich verstosse gegen beide Forderungen: Wenn ich im Bus eine ältere Frau oder eine junge Frau mit einem Baby auf dem Arm stehen sehe, biete ich ihr meinen Platz an; das habe ich als Kind so gelernt. Ich tue das auch gegenüber Frauen, die etwas jünger (und vielleicht auch besser auf den Beinen) sind als ich selbst, aber wenn eine junge Frau m i r einen Platz anbietet, erschrecke ich. Älteren Männern biete ich meinen Platz nur an, wenn sie sehr alt oder offensichtlich gebrechlich sind.

Aber es kommt noch schlimmer: ich freue mich über weibliche Schönheit. Damit meine ich nicht die oft übertriebene glamouröse Schönheit mancher Hollywood-Schauspielerinnen, sondern die natürliche Ausstrahlung, welche so viele Frauen wenigstens in ihrer Jugend, oft aber auch zeitlebens besitzen. Es ist mir einfach angenehm, anregend und anziehend, solche Schönheit, sei sie auch ganz verhalten, um mich zu haben, und obwohl auch Männer gut aussehen können, wird es für mich nie das Gleiche sein. Und ich verstehe, dass wohl auch viele Frauen Freude an männlicher Schönheit haben, die aber ganz anders ist. Selbstverständlich haben Frauen (genau wie Männer) ausser dem Aussehen noch viele andere Qualitäten. Ist es wirklich so schlimm, wenn ich die Dekanatssekretärin schöner finde als den Herrn Dekan (das ist natürlich ein fiktives Beispiel), und will ich damit Herrschaft ausüben? – Also ich würde den unzähligen Dichtern recht geben: Frauen und Blumen haben etwas gemeinsam, beide sind schön und verdienen Rücksichtnahme.

Zusammenfassend könnte ich auch sagen: Die Gleichstellung ist richtig und notwendig. Vielleicht gehen die Bestrebungen manchmal an den wahren Problemen vorbei (Frauen bezahlen beim Friseur für die gleiche Leistung den doppelten Preis!), aber die Fortschritte sind stetig. Und sexuelle Belästigung kann nicht toleriert werden. Und dennoch: *Männer sind Männer und Frauen sind Frauen, und das ist gut so und wird auch so bleiben.* Die Welt wäre sonst auch viel langweiliger. Ob ich mit dieser Auffassung heute noch gesellschaftlich tragbar bin – ja, das muss ich einmal meine Frau fragen. Und was meine Vorurteile anbelangt, seien sie nun ethnozentrisch oder sexistisch, die sind sehr solide und widersetzen sich Änderungen. Sie sind ein Teil von mir.

38. Freie Radikale

Ich sitze am Computer, hinter mir läuft das Radio in gedämpfter Lautstärke, aber ich höre nur mit einem halben Ohr zu. Dann aber durchfährt mich der Schreck: Da hat er etwas von „freien Radikalen mit grosser Reaktionsbereitschaft“ gesagt. Näheres kann ich leider nicht herausfinden, der Sprecher ist gerade am Ende.

„Freie Radikale“ wahrscheinlich hier in Bern! Schon wieder steht uns eine wilde Demo ins Haus, und „grosse Reaktionsbereitschaft“ bedeutet wahrscheinlich, dass sie auf dem Hinweg Fenster einwerfen und auf dem Rückweg Autos anzünden. Wir wohnen zwar in einem ruhigen Quartier, aber man kann ja nie wissen! Soll ich vorsichtshalber unser Auto in Sicherheit bringen? Aber Annelies, der ich die schlechte Nachricht überbringe, weiss es besser („das weiss doch jeder! – nur du nicht“, meint sie), denn sie besitzt ein Buch von *Dr. Thomas Rau* („Biologische Medizin. Die Zukunft des natürlichen Heilens“, 536 Seiten) und hat es, obwohl es für meine Begriffe etwas abschreckend ausschaut, sogar gelesen: *Freie Radikale im Essen sind gesundheitsschädlich, und man soll sie beim Kochen vermeiden!* Wieder einmal erweist es sich als nachteilig, dass ich nicht koche. Ich weiss also nicht, wie man sie vermeidet, und muss mich auf andere verlassen.

Tatsächlich, beim Googeln finde ich, dass „Freie Radikale“ ein Begriff aus der Chemie und den Ernährungswissenschaften ist: Sehr kurzlebige, aggressive Sauerstoffverbindungen, die möglicherweise eine krebserzeugende Wirkung haben. Nun, es ist ja sehr verdienstvoll, dass die Chemiker das herausgefunden haben, aber einen Vorwurf kann ich ihnen nicht ersparen: Müssen sie unbedingt Begriffe verwenden, die geeignet sind, nichtsahnende Bürger zu erschrecken?

Endgültig beruhigt hat mich dann eine Notiz im Tagesanzeiger vom 24.7.2018: „Schlaf besiegt freie Radikale“. Trotzdem werde ich auch in Zukunft nachts die Fensterläden zumachen.

39. Die Kleinen werden vergessen

Zur Gründung des Vereins „Pro Arthropoda“ in Locarno

(Genehmigter Nachdruck aus *Die Artenvielfalt*, *Heft 5/ 2024*)

Es erinnert in tragischer Weise an die grosse Politik, in der oft alles um die Interessen der Grossen geht und das Wohl der Kleinen vergessen wird: Wir kümmern uns um die Erhaltung und Wiederansiedlung von Wolf, Luchs, Bär und Bartgeier und vergessen dabei unsere kleinsten Mitbewohner und Hausgenossen. Die Rede ist von den *Milben.* Sie sind oder besser waren einmal überall, aber jetzt geht ihre reine Anzahl, aber auch die Vielfalt ihrer Arten in bedenklicher Weise zurück, wie eine Studie der *Hochschule für Hauswirtschaft* in Cottbus (HSHWC) gezeigt hat; sie fallen den modernen Hygiene-Bestrebungen und den damit verbundenen wirtschaftlichen Interessen zum Opfer. Man schreibt über Allergien und übertragene Krankheiten, und die Industrie bietet eine Vielzahl von Mitteln, Sprays und Chemikalien, spezielle Anti-Milben-Matratzen, Waschmittel und vieles mehr an und macht damit gute Geschäfte. Dagegen tut niemand etwas; auch die Naturschützer, Umweltorganisationen und grünen Politiker haben es bisher versäumt, den Mahnfinger zu erheben. *Milben haben keinen Anwalt!*

Freilich verdanken sie diesen Mangel an Unterstützung zum Teil auch ihrer Unauffälligkeit: Obwohl diese Spinnentiere praktisch überall, in den Betten, dem Geschirr, den Ecken und Ritzen der Schränke und Kommoden und überall, wo sich Staub ansammelt, zu finden sind (oder besser: *waren*), verhindert ihre Kleinheit, dass wir sie bemerken, und so bemerken wir auch ihr langsames Verschwinden nicht. Könnten wir sie sehen, wären wir sicher von ihren vielfältigen

Gestalten fasziniert: Manche sehen aus wie grässliche, der Fantasie eines abartigen Filmproduzenten entsprungene Ungeheuer, andere übertreffen in ihrer Schönheit die Blumen, die wir in unsere Zimmer stellen, um uns an ihnen zu erfreuen.

Ist das so schlimm, werden vielleicht manche denken, wenn etwas verschwindet, was wir ohnehin nicht bemerken? Sie vergessen, dass Menschen in verschachtelten Ökosystemen materieller und sozialer Art, von Wohnung und Familie bis zur eigenen Kultur, leben und nur dort überleben können; und dass sie selbst Ökosysteme sind, Lebensraum für Zehntausende von Mikroorganismen. Welche Rolle Milben in diesem Systemzusammenhang spielen, welche Funktionen sie besitzen, ist unseres Wissens nur ungenügend erforscht, und noch weniger wissen wir darüber, was ihr Wegfall für das System Mensch bedeuten würde – wie es ja oft so ist, dass wir die Funktion eines Teils für das Gesamtsystems erst erkennen, wenn es bedroht oder verschwunden ist. Hüten wir uns vor Experimenten mit unbekannten Folgen! Aus diesem Grund sind die jüngsten Bestrebungen zum Milbenschutz und die Gründung des ersten Schweizer Milbenschutzvereins in *Locarno* wärmstens zu unterstützen.

40. Gerechtigkeit gegen jedermann

Als wissenschaftlicher Assistent an der Wirtschaftshochschule Mannheim wurde ich Baden-Württemberger Landesbeamter. In dieser Eigenschaft wurde ich eines Morgens um 9.30 Uhr zur Vereidigung aufgeboten; diese sollte um 11 Uhr stattfinden. Da ich mit T-Shirt und Jeans für diese feierliche Zeremonie nicht passend bekleidet war, aber 30 Kilometer entfernt im Odenwald wohnte, raste mein näher wohnender älterer Kollege und Freund *Martin Irle* nach Hause, um einen Anzug und ein weisses Hemd samt Krawatte zu holen. Die einzigen geeigneten schwarzen Schuhe des Instituts, wenngleich gute drei Nummern zu gross, befanden sich an den Füssen unseres Chefs, des Professors *Eduard Baumgarten*. Unsere Institutssekretärin, die bei uns ohnehin das Sagen hatte, zog sie ihm aus und stopfte sie mit etwas Seidenpapier aus, so mochte es gehen. Prof. Baumgarten sass während der ganzen Zeremonie leise vor sich hin schimpfend („Warum dauert das denn so lange?") auf dem Institutssofa, ich aber begab mich vorsichtig, um die Schuhe nicht zu verlieren, aber pünktlich zum Rektorat. Dort mussten die fünf neuen Assistenten, die in einer Reihe angetreten waren, einzeln in die Mitte des Zimmers vortreten und, zwei Schwurfinger erhoben, die amtlich vorgeschriebene Eidesformel aufsagen. Als ich an der Reihe war, zeigte sich, dass meine Sorge, die Schuhe meines Chefs könnten dabei zurückbleiben und ich würde meinen Amtseid in Socken schwören müssen (gilt das dann überhaupt?), unbegründet war. Also schwor ich „*die Verfassung zu achten und Gerechtigkeit gegen jedermann zu üben*". Von diesem Eid bin ich bei meinem Ausscheiden aus dem Baden-Württemberger Beamtenstand nicht formell entbunden worden.

Das mit der Verfassung liess sich ja wohl noch machen, obwohl ich nicht so genau wusste, was drinstand – meine älteren Kollegen schafften das ja auch. Aber der zweite Teil meiner Verpflichtung bereitete mir Sorgen. Auch wenn man sie dem Zeitgeist zuliebe, der gerade leise zu wehen begann, inhaltlich um *„und jedefrau“* ergänzte, blieb die Frage, wie denn die Gerechtigkeit beschaffen sei, die zu üben ich mich verpflichtet hatte. Und wer waren jedermann und jedefrau?

Musste ich etwa beim Einkaufen jedes Mal zu einer anderen Kasse gehen, um keine der Kassiererinnen zu bevorzugen – oder benachteiligte ich sie eben dadurch? War es richtig, dass ich die Zeitung immer im gleichen Kiosk kaufte? Und wie verhielt ich mich, wenn mehrere Betroffene mit einander widersprechenden Interessen zu berücksichtigen waren? Nehmen wir einmal an, ich fände unter den eben bei unserem Grossverteiler gekauften Äpfeln einen, in dem bereits ein Wurm seiner natürlichen Bestimmung nachgegangen war: Erfordert die Gerechtigkeit gegenüber meinen Mitkunden, dass ich lauthals reklamiere? Oder müsste ich der Gerechtigkeit halber zugeben, dass der Chef des Hauses ja auch nicht jeden Apfel kontrollieren kann, und das fragliche Objekt still zurücklegen?

Und wie stünde es mit Freunden und Verwandten? Meine Frau jedenfalls hätte mir schön eins auf den Hut gegeben, wenn ich versucht hätte, gegen sie Gerechtigkeit zu üben. Klugerweise habe ich darauf verzichtet, in der Rechtsphilosophie Hilfe zu suchen. Die vornehmste Aufgabe der Philosophie besteht ja darin, zu zeigen, wie kompliziert alles ist, und das wusste ich nun schon.

Dann fand ich schliesslich den rettenden Ausweg. Wenn ich (das war natürlich eine rein theoretische Überlegung) ein Gschpusi mit einer Studentin anfangen würde, müsste ich dann mit allen anderen auch eins anfangen? Das hätte mich überfordert. Aber vor allem, *das konnte ja nicht der Sinn des Amtseides sein, denn ein Gschpusi, auch wenn es an der Hochschule stattfand, gehörte nicht zu meinen Amtshandlungen, und nur auf diese konnte der Eid sich beziehen.* Damit war ich fein heraus, und es war auch klar, dass die

Verpflichtung erlöschen würde, wenn ich das Amt aufgab. Deshalb muss ich heute nicht mehr Gerechtigkeit gegen jedermann üben.

41. Mein praktisches Smartphone

Seit längerer Zeit empfahlen mir meine Kinder, endlich ein Smartphone zu kaufen, weil es so praktisch sei – sie haben mir sogar vorletzte Weihnachten Geld dafür geschenkt. Also habe ich letzte Woche – entgegen allen meinen Erfahrungen, die mir nahelegten, mit der Informatik käme man am besten zurecht, wenn man sie ignoriere – beschlossen, eines zu kaufen. Seither ist es ununterbrochen praktisch.

Das begann damit, dass ich ein Swisscom-Geschäft betrat. Ich wählte (mein Sohn hatte mir dazu geraten) ein Apple iPhone 4, für Apple-Fans ein mittelalterliches Gerät, für mich aber modern genug. Zusammen mit einem eleganten Etui aus Leder kostete es CHF 539, zuzüglich CHF 40 für die Zeit der jungen Verkäuferin. (Die Zeit der Verkäuferin wurde also auch extra berechnet – da kann noch manches Verkaufsgeschäft etwas dazulernen!) Danach lud ich es mit dem praktischen Ladegerät auf, anschliessend lag es sehr praktisch zwei Tage lang auf der Kommode, bis meine Schwiegertochter kam, um uns bei diversen Installationsvorgängen zu helfen. Danach verbrachte sie mit Annelies gute zwei Stunden bei eben diesem Vorhaben, zwischendurch stellten sie mir seltsame Fragen wie zum Beispiel nach dem Namen meines ersten Hundes („Trolli" natürlich!). Dann gaben sie auf und meinten, wir müssten dann am Montag noch einmal zum Swisscom-Laden. Also blieb das Gerät über das Wochenende auf der Kommode liegen.

Bei der Swisscom eröffnete uns dann ein junger Mann, er müsse uns für jede Viertelstunde Beratung CHF 40 in Rechnung stellen. Er geriet aber an der gleichen Stelle ins Stocken wie vorher meine beiden Spezialistinnen zu Hause und zog sich für eine Viertelstunde mit einer Kollegin zu intensiven Gesprächen zurück. Ich sass derweil auf der einzigen hölzernen Sitzbank, die sie dort haben – wahrscheinlich hat der Einrichtungskredit nach so viel Elektronik nicht mehr für zwei Stühle gereicht – und wartete, sehr praktisch. Dann hatten die beiden es geschafft, ich zahlte noch einmal 100 Franken, und wir erhielten das gute Stück mit drei sogenannten „Apps“ aufgeladen – Fahrplan, Wetter und Unwetterwarnung. Auf letzterer hatte Annelies bestanden; meinen Einwand, ich wäre die letzten 87 Jahre ohne ganz gut durchgekommen, liess sie nicht gelten. Seither liegt das Gerät sehr praktisch wieder auf der Kommode und verhält sich ruhig; ein Unwetter scheint nicht in der Gegend zu sein. Morgen habe ich zu tun, da muss ich die Monatsrechnung machen. Aber vielleicht schaue ich es übermorgen mal wieder an.

„Hast du es angestellt? Sonst kann dich ja niemand erreichen“, fragt ein Freund. „Nein, wozu? Ich bin ja zu Hause“, antworte ich. Es geht eben nicht nur um ein neues, praktisches Gerät. Es geht darum, dass ich meine Lebensweise ändern soll, und dazu habe ich keine Lust.

P.S. Inzwischen habe ich dieses praktische Gerät an Annelies weitergegeben und verwende (selten) wieder mein gutes altes Klapp-Handy.

42. Über den friedensfördernden Einsatz von Kriegshunden

Während meiner mehrjährigen Anstellung an der Wirtschaftshochschule in Mannheim wohnten wir in *Reisen im Odenwald,* einem Bauerndorf mit etwa 800 Einwohnern, und meine Söhne besuchten die dortige Volksschule. Eines Tages erzählte Joachim, damals 8 Jahre alt, beim Mittagessen: „Heute Nachmittag haben wir Krieg mit denen von Nieder-Liebersbach". „Krieg ist fast das Schlimmste, was es gibt", sagte ich. „Aber wir spielen ja nur", meinte er. „Wo soll der Krieg denn stattfinden?", erkundigte ich mich. „Da drüben", er zeigte auf eine hügelige Wiese an der anderen Talseite.

Am Nachmittag erschien dann vor unserem Haus eine Horde von etwa 15 wilden Kriegern, bewaffnet mit Holzschwertern, Stöcken und Zündplättchen-Pistolen, viele mit Proviantsäcken und Trinkflaschen, um Joachim abzuholen. Sie hatten auch zwei „Kriegshunde" dabei, mittelgrosse mehrfarbige Hunde, wie sie viele Bauern im Dorf hielten; sie wurden ständig von irgendwelchen Buben gestreichelt und schienen dementsprechend gut gelaunt zu sein. Joachim hatte sich inzwischen ebenfalls bewaffnet und mit Schokolade und einem Apfel ausgerüstet. Nach einigen Ermahnungen, gut aufzupassen, dass niemand ernstlich verletzt wurde, vor allem nicht auf die Augen zielen („jaja, wir schauen schon"), zog die Bande ab, begleitet von den sorgenvollen Blicken meiner Frau.

Erst nach fast drei Stunden kehrte Joachim unverletzt und bester Laune zurück. „Wir konnten den Krieg nicht machen, die Kriegshunde haben sich zu sehr gefürchtet", berichtete er. Offenbar waren die Tiere, als die beiden Parteien mit Kriegsgeschrei und unter Abschiessen ihrer Feuerwaffen aufeinander losgegangen waren, von

Panik ergriffen worden; winselnd und zusammengekrümmt hatten sie sich an den Boden oder die Beine ihrer Besitzer geschmiegt, ein jämmerliches Bild. So hatten die Reisener um Waffenstillstand ersuchen müssen. Aber auch die gefährlichen Krieger von Nieder-Liebersbach waren von Mitleid ergriffen worden, einige hatten darum gebeten, die Hunde streicheln zu dürfen. So zogen also beide Parteien gemeinsam auf einen kleinen Hügel, vertilgten ihren Proviant, wobei auch die Kriegshunde etwas abbekamen, schwatzten eine Weile und trennten sich friedlich mit dem Versprechen, den Krieg einmal ohne Hunde nachzuholen.

Wenn ich das alles bedenke, frage ich mich, ob nicht die UNO dafür sorgen sollte, dass sich die Streitkräfte ihrer Mitglieder als friedensfördernde Massnahme Kriegshunde zulegen, am besten wohl von der im Odenwald üblichen Mischung, aber vielleicht würden sich unsere Appenzeller ja auch als friedensfördernde Kriegshunde bewähren.

Das schliesse ich jedenfalls aus ihrem Verhalten beim 1. August-Feuerwerk. Das könnte dann auch ein Exportschlager werden. Zu prüfen wäre dann, ob Appenzeller Sennenhunde ungeachtet ihrer friedensfördernden Funktionen unter das Kriegsmaterialgesetz (KMG) von 1996 fallen.

43. Wenn das Bundeshaus Fensterläden hätte...

Wenn das Bundeshaus Fensterläden hätte, müssten sie so, wie bei unserem Haus in Latterbach, alle paar Jahre neu gestrichen werden. Mit dieser notwendigen Aktion aber wären interessante Prozesse verbunden, die Einblicke in die Eigenheiten der politischen Abläufe der Schweiz bieten würden. Ich habe versucht, sie hier zu skizzieren.

Man stelle sich vor, der amtierende Bundespräsident (nennen wir ihn einfach einmal *Zuberbühler*) erzählt seiner Frau beim Abendessen: „Jetzt kommt er also wirklich nächsten Sommer, der *Hirohito.* Wird ein ganz schön kompliziertes Protokoll geben, bei einem veritablen Kaiser. Ich beneide die vom Aussendepartement nicht.“ Sie blickt ihn entsetzt an: „Ein Kaiser in Bern? Da brauche ich für den Staatsempfang aber wirklich etwas zum Anziehen! Kommt sie – wie heisst sie noch – auch mit? Und übrigens, ihr solltet endlich wieder einmal die Fensterläden am Bundeshaus frisch malen lassen, die sehen ja so schäbig aus, ich schäme mich jedes Mal, wenn die Gemüsefrau vom Bundesplatz eine entsprechende Bemerkung macht – die hat nämlich herausgefunden, dass ich deine Frau bin!“

Wie jeder gut trainierte Ehemann nimmt der Bundespräsident derartige Bemerkungen seiner Frau sehr ernst; ihm wird klar, dass dieser Staatsbesuch eine teure Angelegenheit wird – schon allein die bereits angedeutete neue Garderobe seiner Frau, und dann auch noch die Fensterläden! Gott sei Dank sind die Bundesbauten ja dem *Bundesamt für Bauten und Logistik BBL,* also dem *Finanzdepartement* unterstellt und somit ein Problem des Kollegen *Thürkauf.* Na, der wird sich wundern, wo er doch immer auf Kosten der anderen Departemente sparen will, hat doch das Bundeshaus geschätzte 200 Fenster von beachtlicher Grösse. Und so erwähnt er, nicht ohne diesem Kollegen einen schadenfrohen Blick zuzuwerfen, die Notwendigkeit eines neuen Anstrichs in der nächsten Bundesratssitzung. Und das steht dann natürlich auch im Protokoll. Und kommt so natürlich auch in die Zeitung.

Bereits nach drei Tagen meldet sich der Stadtpräsident beim Direktor des BBL, um kurz darauf hinzuweisen, dass die Stadt Bern aufgrund des Konkordates von 1894 ein Mitspracherecht bei der äusseren Gestaltung des Bundeshauses besitzt, allerdings ohne finanzielle Verpflichtungen. Er glaube aber nicht, dass es deshalb grosse Komplikationen geben würde, falls die Malerbetriebe der Stadt bei der Ausschreibung entsprechend ihres quasi heimatrechtlich begründeten moralischen Anspruchs berücksichtigt würden. Der Vorstand der *Vereinigung der Stadtberner Malerbetriebe VSM* sei bereits in diesem Sinne bei ihm vorstellig geworden. Und natürlich habe bei etwaigen Änderungen im Erscheinungsbild auch die *Denkmalpflege* ein Wörtchen mitzureden.

Änderungen im Erscheinungsbild werden tatsächlich sehr bald heiss diskutiert. Die „*Schweizerischen Jung-Sozialisten*“ (JUSO) beschliessen nämlich auf ihrem kurz danach turnusgemäss in Bern stattfindendem Parteitag, sich dafür einzusetzen, dass die Fensterläden, anstatt wie bisher in diskretem Silbergrau, in (die Leserschaft wird es schon erraten haben) *roter* Farbe erstrahlen sollen, und ihr entsprechender Antrag findet in der *sozialdemokratischen Fraktion des Nationalrates* (für Ausländer: des Schweizer Parlamentes) Unterstützung. Da mit Widerstand anderer Parteien zu rechnen ist, wird tatsächlich für die Wintersession ein „Beschluss über die Farbe der Fensterläden des Bundeshauses“ traktandiert.

In dieser Sitzung hält die Vorsitzende der JUSO eine flammende Rede; es sei an der Zeit, neue Wege zu gehen, um die Modernität und das Wandlungsvermögen der Schweiz auch farblich zu dokumentieren. Das bisherige Silbergrau sei langweilig, farb- und charakterlos; die Schweizer Jugend wünsche und erwarte, als Signal für den Aufbruch ins 21. Jahrhundert, *signalrote Fensterläden.* Aber es zeigt sich dann, dass die Grünen diesmal der SP nicht wie gewohnt zur Seite stehen. Mehrere Sprecher weisen darauf hin, dass das 21. Jahrhundert ein Jahrhundert der Nachhaltigkeit sein müsse, und die Farbe der Nachhaltigkeit sei nun einmal *grün.* Die SVP betont, dass Grün traditionell ihre Farbe sei, und droht für den Fall, dass die Farbe Rot gewählt würde, mit dem Referendum. Der Nationalratspräsident, dieses Jahr von der *Christlich demokratischen Volkspartei* CVP, appelliert an die anwesenden Räte, Parteiinteressen zurückzustellen; es gehe um eine würdige Darstellung der ganzen Schweiz! Insgesamt scheinen die Bürgerlichen etwas ratlos und stimmen schliesslich, wie meist in solchen Fällen, gegen radikale Änderungen und für die Beibehaltung des Status quo. Und so geht der Antrag auf silbergraue Fensterläden in den *Ständerat* (für Ausländer: das ist die Vertretung der Kantone).

Dort wird von einem freisinnigen Vertreter des Kantons Bern ein völlig neuer Gesichtspunkt ins Spiel gebracht. Er weist darauf hin, dass die Fensterläden des Bundeshauses seit der Aufhebung der Verdunkelungspflicht im Sommer 1945 aus Gründen des sehr beträchtlichen Arbeitsaufwandes nie mehr geschlossen worden seien; während des Krieges aber habe man dafür eine Korporalschaft der Pioniere eingesetzt. Da die Fensterläden seither jahraus, jahrein und Tag und Nacht immer offen gewesen seien, sei die der Wand zugekehrte Seite wahrscheinlich noch bestens erhalten, und es würde genügen, die sichtbare Seite neu zu streichen und damit mindestens 600 000 Franken einzusparen. Es sei aber nicht sinnvoll, die beiden Seiten in verschiedenen Farben zu gestalten, deshalb müsse es wohl bei silbergrau bleiben. Das erspare den Räten auch, die *Einigungskonferenz* zu bemühen, denn, darauf müsse er schliesslich auch noch hinweisen, sei der Tag des japanischen Staatsbesuchs nicht mehr so fern, und das Ausschreibungsverfahren werde auch seine Zeit benötigen. Und schliesslich habe er Gelegenheit gehabt, mit dem *Denkmalschützer der Stadt Bern* zu sprechen, und der habe ihm versichert, dass aus seiner Sicht am besten alles beim Alten bliebe. Der freisinnige Vertreter des Kantons Basel-Stadt schliesslich verkündet, er sei stolz, mitteilen zu können, dass die Industrie seines Kantons es als Ehrensache ansehe, die Farbe für den Neuanstrich, welche immer es schliesslich sein werde, zu stark ermässigten Preisen zu liefern; vielleicht sei die Ersparnis bei einem einseitigen Anstrich deshalb wahrscheinlich gar nicht so beträchtlich. Der Vertreter des *Schweizerischen Gewerbeverbandes* SGV/USAM stimmt ihm zu, und damit kommt man zur Abstimmung. Und so schliesst sich der Ständerat dem Beschluss des Nationalrates an.

Schon in weiteren sechs Wochen gelingt es dem BBL, die Ausschreibung in Gang zu setzen. Unvorsichtig wird darin das heimische Gewerbe erwähnt, was sofort eine Demarche der *Fédération des Entreprises Romandes de l`Arc Jurassien FERAJ* zur Folge hat: Das Bundeshaus gehöre der ganzen Schweiz, eine Bevorzugung der Berner Malerunternehmen sei deshalb inakzeptabel, man werde sonst Klage bei der *Wettbewerbskommission WEKO* einreichen. Und schlimmer noch, Brüssel meldet sich im ähnlichen Sinne und verweist auf einen Präzedenzfall: Der neue Anstrich des Eiffelturms sei aufgrund eines Urteils des *EU-Gerichtshofes* international *ausgeschrieben* (wenngleich von französischen Unternehmen *ausgeführt*) worden. Das *Departement für auswärtige Angelegenheiten* (EDA) befürchtet, so wissen Insider, eine Verhärtung der EU bei den laufenden Verhandlungen über das Rahmenabkommen. Das BBL sieht sich gezwungen, die erste Ausschreibung zurückzuziehen und eine internationale

Neuausschreibung vorzunehmen, mit einer Bewerbungsfrist bis Ostern. Jetzt melden allerdings, natürlich inoffiziell, Vertreter der Stadt Bern Bedenken an: Die Zustimmung des Stadtrates sei unter diesen Umständen vielleicht doch nicht ganz so selbstverständlich.

Schlimmer ist es aber, dass in allen eingegangenen Offerten darauf hingewiesen wird, dass die Durchführung der Arbeiten bis zum Beginn des Sommers nicht garantiert werden könne. Lediglich eine allerdings überaus teure Offerte (im zweistelligen Millionenbereich) eines schwedischen Unternehmens verspricht die Arbeit bis zum Mitsommernachtsfest auszuführen, falls der Zuschlag in maximal vier Wochen erfolge; dauere es aber länger, könne man nichts garantieren. Zeitgewinn für höhere Kosten? In der *Finanzkommission des Nationalrates* entbrennt in der Frühjahrssession eine heftige Auseinandersetzung; nach mehreren Sitzungen erfolgt schliesslich mit Stichentscheid des Vorsitzenden die Zustimmung.

Inzwischen aber ist es Ende Mai geworden. Auf Rückfrage muss die schwedische Firma zu ihrem Bedauern erklären, dass die Fertigstellung bis zum Besuchstermin *Hirohitos* nicht sicher sei. Möglicherweise wären noch nicht alle Fensterläden wieder montiert, wahrscheinlich würden Teile des erforderlichen Gerüstes noch stehen. In einer eilig einberufenen Sondersitzung beschliesst die Finanzkommission daraufhin, dem Bundesrat die Sistierung des Geschäftes zu beantragen: Lieber keine neu gestrichenen Fensterläden als ein Gerüst! Bundesrat *Thürkauf* unterstützt diesen Beschluss in der nächsten Bundesratssitzung; das verhaltene Grinsen in seinem Gesicht wird von seinen Kolleginnen und Kollegen nicht weiter kommentiert. Die Presse berichtet natürlich ausführlich über die ganze Affäre.

So wird das Geschäft also verschoben, *Hirohito* wird keine neu gestrichenen Fensterläden sehen dürfen, und Frau *Zuberbühler* wird sich bei ihrem nächsten Marktbesuch eine entsprechende Bemerkung der Gemüsefrau anhören müssen, tröstet sich aber mit dem Kauf eines auffallend schlichten, dafür aber besonders teuren Sommerkostüms.

Vielleicht war es gar nicht so dumm, dass der Architekt *Hans Wilhelm Auer* um 1892 bei seinem Entwurf des Bundeshauses auf Fensterläden verzichtete. Was seine Frau dazu meinte, ist meines Wissens allerdings nicht überliefert.

44. Probleme heutiger akademischer Laufbahnen

In meinem ganzen Leben als Psychologe habe ich 4 (in Worten: *vier*) längerfristige Anstellungen gehabt (lassen wir einmal mehrere Gastprofessuren und Rundreisen zu Vorträgen beiseite): Als studentische Hilfskraft bzw. „Hilfsassistent“ an der TU München, als „Wissenschaftlicher Assistent“ an der Wirtschaftshochschule Mannheim, als „Leiter der Forschungsgruppe für Sozialpsychologie“ am Max- Planck-Institut für Psychiatrie in München und als „Ordentlicher Professor für Psychologie“ an der Universität Bern. Nur für die erste Stelle habe ich mich in einem formlosen Vorstellungsgespräch beworben, zu allen anderen wurde ich angefragt bzw. „berufen“ (damals gab es noch „Berufungskommissionen“). Eine weitere Berufung und einige Anfragen habe ich abgelehnt.

Heute dürfte eine akademische Laufbahn komplizierter geworden sein, denn Alles, vor allem auch Anstellungen im öffentlichen Dienst, ist „verrechtlicht“ worden und muss in geordneten, rechtlich genau geregelten Bahnen ablaufen – so auch die Stellenbesetzungen. Das nimmt, so scheint es mir jedenfalls, bisweilen groteske Formen an.

Blicken wir doch einmal in die „Die Zeit“, den eigentlichen Arbeitsmarkt für Akademische Stellen im deutschsprachigen Raum. In der Nr. 6 vom 1.2.2018 habe ich 85 (in Worten: *fünfundachtzig*) Ausschreibungen für Professuren der verschiedensten Art, allerdings nur 23 (in Worten: *dreiundzwanzig*) für wissenschaftliche Mitarbeitende gefunden. Die längste Ausschreibung einer Professur, die über eine ganze Spalte reicht, umfasst, falls ich mich nicht verzählt habe, 668 (*sechshundertachtundsechzig*) Worte; insgesamt 15 (*fünfzehn*) erwünschte Qualifikationsmerkmale wurden dabei aufgeführt. Nicht aufgeführt wurden die Eigenschaften

Unerschrockenheit und *Selbstsicherheit*, die doch wohl stillschweigend vorauszusetzen sind, sollte man sich um eine Stelle mit so vielen Anforderungen bewerben wollen. Und da das Bewerbungsschreiben nicht viel kürzer und farbloser sein sollte als der Ausschreibungstext, ist dafür auch eine gewisse sachliterarische Begabung sowie Erfahrung in Bewerbungsangelegenheiten erforderlich. Also wird es wohl auch Agenturen geben, die man als Bewerber für diese Aufgabe engagieren kann, sie scheinen allerdings nicht in der „Zeit" zu inserieren.

Aber die Universitäten und Hochschulen sind, auch im Zeitalter der Verrechtlichung, letzten Endes menschliche Institutionen. Ist es ganz abwegig zu vermuten, dass es bei ihnen auch menschlich zugeht? Könnte es sein, dass am Sonntagmorgen bisweilen private Telefongespräche geführt werden, im Sinne von: „Lieber Herr Kollege" bzw. „liebe Frau Kollegin, darf ich Sie auf unsere Ausschreibung hinweisen? Wir würden uns besonders freuen, wenn Sie sich bewerben würden ...". Irgendwie in einem ähnlichen Prozess wäre dann vielleicht auch die auffallende Diskrepanz in den Ausschreibungszahlen für Professoren- und Mitarbeiterstellen (85:23) zu erklären. Und somit wäre die Welt ja noch in Ordnung.

Aber noch etwas ist mir beim Studium der Stelleninserate aufgefallen: Die darin sichtbar werdende Aufsplitterung der Disziplinen in hochspezialisierte Einzelgebiete. Da werden gesucht „Spezialisten in Industrie 4", der „Geographie der Klima-Umwelt-Mensch-Beziehungen" (nicht einfach Geographie), der „Sphingolipid-Forschung" (nicht einfach Organische Chemie; Gott sei Dank kann man so etwa googeln), der „Verpackungstechnik", der „Algorithmischen Algebra" (nicht einfach Mathematik), der „Translationalen Neuroimmunologie" (nicht einfach Neurologie) oder der „Mikrobiologie der Getränke" (nicht einfach Mikrobiologie), um nur einige zu nennen. Mein erster Chef in Mannheim, Eduard Baumgarten, hat sich schon damals über allzu enge Definitionen der Fächer lustig gemacht, er sprach von der „Etruskischen Ofenkunde“. Heute müsste es vielleicht „Didaktik der Etruskischen Ofenkunde“ heissen, denn viele der Fachbezeichnungen tragen noch den Zusatz „Didaktik der ...“.

Wer wird, wenn die Spezialisierung so weitergeht, das Ganze im Auge behalten? Mein Lehrauftrag in Bern, „Venia Legendi“ nannte man das damals, hiess „Psychologie und ihre Anwendungen“. Zugegeben, viel breiter kann man ein Lehrgebiet nicht definieren, und ich habe mich später in Absprache mit meinen Kollegen mehr und mehr auf Sozialpsychologie und „Handeln“ spezialisiert; aber ich habe doch immer noch regelmässig Lehrveranstaltungen zu den Themen „Einführung in die Psychologie“ und „Theorien und Systeme der Psychologie“ durchgeführt.

Das ist natürlich kein ganz neues Problem. *Friedrich Nietzsche* lässt im „Zarathustra“ (76. Kapitel, „Der Blutegel“) den empirischen Forscher („der Gewissenhafte des Geistes“) zu Wort kommen:

„So bist du vielleicht der Erkenner des Blutegels?“, fragte Zarathustra; *„und du gehst dem Blutegel nach bis auf die letzten Gründe, du Gewissenhafter?“*

„Oh Zarathustra“, antwortete der Getretene (Zarathustra ist vorher über ihn gestolpert Anm. des Autors), *„das wäre ein Ungeheures, wie dürfte ich mich dessen unterfangen!*

Wes ich aber Meister und Kenner bin, das ist des Blutegels Hirn: – das ist meine Welt! (...) Wie lange gehe ich schon diesem Einen nach, dem Hirn des Blutegels, dass die schlüpfrige Wahrheit mir hier nicht mehr entschlüpfe! Hier ist mein Reich!

... darob warf ich alles andere fort, darob wurde mir alles andre gleich; und dicht neben meinem Wissen lagert mein schwarzes Unwissen.

Mein Gewissen des Geistes will es so von mir, dass ich Eins weiss und sonst Alles nicht weiss: es ekelt mich aller Halben des Geistes, aller Dunstigen, Schwebenden, Schwärmerischen.

Wo meine Redlichkeit aufhört, bin ich blind und will auch blind sein. Wo ich aber wissen will, will ich auch redlich sein, nämlich hart, streng, eng, grausam, unerbittlich."

Die Erkenntnisse und ihre praktischen Folgen für unser Leben, welche die Naturwissenschaften hervorgebracht haben, sind ungeheuer und zum grossen Teil auch wünschenswert und unverzichtbar, und es liegt mir fern, sie zu leugnen. Und, um eine praktische Auswirkung auf das akademische System nicht zu vergessen, erklärt und rechtfertigt dieser Trend das bemerkenswerte Wachstum der Institute und Forschungseinrichtungen in den letzten Jahrzehnten und hat somit ja auch sein Gutes. Aber es bleibt die Sorge vor der Zersplitterung des Erkennbaren.

45. Über die Nützlichkeit von Entfernungsangaben

An den Toiletten im Hafen von *Güetital* am linken Ufer des *Thunersees*, wo unser Boot sich über den Winter ausruht, fanden wir ein Schild mit dem Hinweis, die Anlage sei bis im April geschlossen und *„Nächste öffentliche Toilette beim Tourismusbüro in Faulensee (1,5 km)“.* (Das übertrifft die Angabe „Toilette 400 Meter “, die wir am idyllischen Ufer des Inn in Passau gelesen haben, um mehr als das Dreifache.) Leider fehlt eine Angabe zu den allfälligen Öffnungszeiten der Einrichtung in *Faulensee*. Aber als ich einen Test-Besuch machte, war sie tatsächlich offen.

Öffentliche Toiletten werden mit der Absicht installiert, die Interessenten daran zu hindern, sich einfach irgendwo seitwärts in die Büsche zu schlagen; sie dienen also dem Schutz der Landschaft vor Verunreinigungen. Kann dieser Zweck mit diesen Hinweisen erreicht werden? Betrachten wir einmal etwas näher, welche Folgen sich etwa aus dem Schild im Güetital ergeben können. Vor allem, wie viel Zeit müsste man veranschlagen, um das Ziel zu erreichen, und ist das zumutbar?

1500 Meter entsprechend nicht ganz einer englischen Meile (1600 Meter), doch müssen wir ja hier auch eine gewisse Zeit für die Suche des Ziels im Ort Faulensee einberechnen. Die derzeitigen Rekorde für diese Distanz liegen hier bei 3:43,13 Min. für Männer (*Hicham El Guerrouj*, 1999) und 4:12,56 für Frauen (*Swetlana Masterkowa*, 1996) ; vielleicht würden sie es ja noch schneller schaffen, wenn sie es wirklich eilig haben. *Mujinga Kambundji* würde für die ersten 100 Meter nur 11,7 Sekunden benötigen; dieses Tempo würde sie sicher nicht über die ganze Strecke durchhalten, aber wir dürfen wohl doch davon ausgehen, dass auch sie das Ziel in 5-6 Minuten erreichen würde. Die Werte von *Daniela Ryf* und *Natascha Badmann* fallen aus dem Vergleich, da sie ja den Hinweg zu Fuss, den Rückweg mit dem Fahrrad absolvieren und zwischendrin noch kurz über den See schwimmen würden.

Aber diese Werte sind natürlich für ältere Ehepaare, die ja im Winter die meisten Spaziergänger auf dieser Strecke stellen, nicht realistisch. Bei der deutschen Infanterie wurde früher (ob die heute überhaupt noch laufen, weiss ich nicht) für den Kilometer eine Marschzeit von 12 Minuten veranschlagt, das wären also in unserem Beispiel 18 Minuten zum Ort der Sehnsucht. Rechnen wir für unsere Zielgruppe einmal mit 20-25 Minuten – das sollte sich doch machen lassen, ausser, es pressiert wirklich. Im Übrigen spart man ja auch erhebliche Mengen an Energie, wenn man langsamer geht ($e=mc^2$, wie uns die spezielle Relativitätstheorie gelehrt hat). Je schneller man läuft, desto grösser also der Energieaufwand. *Mujinga Kambundji* verbraucht mehr Energie als der marschierende Infanterist, selbst wenn er ein Gewehr, Munition und ein Bajonett mitführt. Aber kommen wir zu unserer Schlussfolgerung: Sich auf den Weg nach Faulensee zu machen lohnt sich nur, wenn es nicht so dringend ist. Sonst sollte man sich doch lieber ein passendes Gebüsch suchen. Oder – das ist ein weiterer Ausweg – 5 Minuten zum nahe gelegenen *Restaurant Möve* aufsteigen, welches eine vorzügliche Toilette hat – selbst wenn man dann einen Kaffee trinken muss.

Distanzangaben sind generell verdienstvoll. Ich würde aber empfehlen, dass die verantwortliche Instanz jeweils auch selbst Testläufe unter realistischen Bedingungen durchführt, um den Nutzen der Angabe zu überprüfen.

46. Fast ein Staatsbegräbnis für Mucki

Fast alle meiner kleinen Geschichten sind irgendwie wahr, aber diese ist ganz besonders wahr, denn sie ist prototypisch für die Schweiz als sicheres Land mit geordneten Verhältnissen. Diese beruhen unter anderem auch darauf, dass die meisten Bürger den Staat nicht nur akzeptieren, sondern aktiv mit den Behörden zusammenarbeiten, um Recht und Ordnung zu schützen.

Alles begann mit einem traurigen Ereignis: Mucki, der geliebte Kater von Linda, einer Freundin meiner Enkelin Rebecca (genannt „Becki") war gestorben. Die beiden Frauen wollten Mucki in Latterbach begraben. Dazu bietet unser Grundstück von 2,3 Hektar, davon etwa ½ Hektar Wald, genügend Platz. Sie wählten eine geeignete Stelle im Wald, begannen, das Grab auszuheben, legten den Kater und ein paar Blumen hinein und errichteten auf dem Grab einen kleinen Hügel; eine kurze Inschrift auf dem Grabstein würdigt Muckis einzigartige Persönlichkeit.

Von einem nahegelegenen Weg aus wurden sie jedoch von zwei Reitern beobachtet. Diese meldeten der Kantonspolizei, in diesem Wald gingen verdächtige Aktivitäten vor sich! Die Polizei rückte an und fand den Platz verlassen, aber das Grab war leicht zu finden. Sie gruben dort – es hätte sich ja auch um Drogen handeln können – und Mucki wurde exhumiert, mit auf die Dienststelle genommen und anschliessend amtstierärztlich sorgfältig untersucht (gibt es eigentlich forensische Veterinäre?). Man stellte fest, dass Mucki eines natürlichen Todes gestorben war, und anhand eines Chips konnte man Linda als Halterin identifizieren. Erst sie, dann auch Becki wurden telefonisch kontaktiert; Becki erklärte, dass sie als Miteigentümerin des Grundstückes das Recht hätte, dort jede Menge Katzen zu begraben, denn Tiere bis zu einem Gewicht von 15 Kilo dürfen (im

Kanton Bern) auf Privatgrundstücken beerdigt werden. Die Beamten prüften die Besitzverhältnisse am Grundstück nach, fanden alles in Ordnung, bestatteten Mucki danach wieder ordentlich an der gleichen Stelle und legten auch den Grabstein darauf; ob sie auch die Blumen wieder ins Grab gelegt oder neue Blumen besorgt haben, wissen wir nicht, aber ein Begräbnis durch Staatsbeamte ist ja schon an und für sich beinahe ein Staatsbegräbnis. Dann entschuldigten sie sich bei Linda und Becki für die Umtriebe und Unannehmlichkeiten; die Beamtin, die mit Becki sprach, versicherte ihr volles Verständnis: sie halte selbst auch Tiere.

Gern hätte ich Einblick in das Protokoll dieser Amtshandlungen genommen, um einen tieferen Einblick in die polizeiliche Sicht der Dinge zu gewinnen und auch, um mich an der amtlichen Prosa zu erfreuen, aber das unterliegt natürlich dem Amtsgeheimnis, schon allein um die Namen der pflichtgetreuen Informanten zu schützen; vielleicht wird es nach 30 Jahren freigegeben.

Glückliches Land, in dem die Ordnungshüter sich auch um die würdige Bestattung von Katzen kümmern! Wir können mit dem sicheren Gefühl, dass alles in Ordnung ist, weiterhin nachts gut schlafen. Und Mucki hat jetzt endlich seine verdiente ewige Ruhe. Falls Katzen aber, wie man ja sagt, wirklich sieben Leben haben, könnte er es auf weitere 12 Begräbnisse bringen.

47. Vandalen

Im Jahr 455 plünderten die Vandalen Rom; seither haben sie einen schlechten Ruf. Sicher hätten sie auch gern Autospiegel abgeknickt, aber es gab noch gar keine Autos. Die beiden jungen Männer dagegen, die vorgestern durch das Länggass-Quartier zogen, hatten dazu reichlich Gelegenheit und haben auch Gebrauch davon gemacht; sie haben fünf Autos beschädigt, leider auch unseren guten alten Subaru.

Die Vandalen in Rom wollten hauptsächlich Beute machen, was ihnen ja auch gelungen ist. Unsere Länggass-Vandalen hingegen haben keinen materiellen Gewinn davon gehabt, höchstens die Befriedigung, Schaden anzurichten. Und das wäre doch ein seltsames Vergnügen. Oder löst das Abknicken von Autospiegeln sonst befriedigende Gefühle aus? Denkbar wären verschiedene Möglichkeiten:

– Es handelt sich um eine Kraftprobe. Ein Variante: Wer schafft die meisten Autospiegel in zwei Minuten (längere Zeitvorgaben könnten zu unerwünschten Begegnungen mit der Polizei führen)?
– Das Abknicken verschafft ein angenehmes Gefühl (die psychoanalytische Variante: sexuelle Befriedigung – pfui!)
– Die Spiegel machen beim Abknicken schöne Geräusche.

Ich glaube aber, dass diese Vandalen sich gar nichts dabei gedacht, sondern es einfach gemacht haben – einfach so. Es wären also nicht gerade Geistesriesen, sondern ziemlich törichte Menschen gewesen. Das tröstet mich etwas: Geschieht ihnen ganz recht, dass sie so simpel gestrickt sind.

Diese Gedanken sind meine Revanche. Der Vorteil dieser Methode: Meinem Vergeltungsbedürfnis wird Rechnung getragen, ohne dass jemandem etwas Schlimmes passiert.

48. Über die ungleiche Verteilung von Chinesen

Als Kind hörte ich einmal, wie die Erwachsenen darüber diskutierten, dass jeder fünfte Mensch ein Chinese sei. Kopfschüttelnd ging ich meiner Wege und wunderte mich wieder einmal darüber, was die Erwachsenen so alles reden. Schliesslich kannte ich alle Leute im Dorf, und da war kein einziger Chinese dabei!

Wäre ich dagegen heute in Interlaken aufgewachsen, hätte ich diese Einschätzung wohl noch für untertrieben gehalten. Gestern bin ich von *Interlaken* mit dem Postauto nach *Habkern* gefahren und dann durch den Wald nach *Beatenberg-Waldegg* gewandert – das war übrigens weiter, als ich in Erinnerung hatte. Was mir zunächst auffiel: In *Interlaken* schien es mehr Chinesen als schweizerische Ureinwohner zu geben. In *Habkern* war hingegen kein einziger Chinese zu sehen. Der Wald war ohnehin menschenleer, aber dann in *Waldegg*: wieder kein Chinese. Wenn es, wie vom Bundesamt für Statistik ermittelt, im Berner Oberland mehr Chinesen als Kühe gibt, dann muss das an einem gehäuften Vorkommen in Interlaken liegen (in *Grindelwald* soll es auch sehr viele geben, höre ich). Nun stellen sich zwei Fragen:

1. Natürlich kann man nicht erwarten, dass es überall in der Welt gleich viel Chinesen hat – in China z.B. dürfen wir besonders viele erwarten. Aber *Interlaken, Habkern* und *Waldegg* sind nicht weit voneinander entfernt, sie liegen quasi in der gleichen Region, und doch ist der Unterschied so gross. Warum also diese Bevorzugung von *Interlaken*?

Die Evolutionsbiologie bietet verschiedene Hypothesen an:

- So versammeln sich oft viele Individuen der gleichen Spezies an einem Ort, um sich gemeinsam zu verteidigen. Aber niemand in der Schweiz will Chinesen angreifen und vertreiben, ganz im Gegenteil, sie sind höchst willkommen (solange sie bezahlen).

- Ebenso bilden artspezifische Nahrungsvorkommen einen Anreiz zur Konzentration. Aber einerseits gibt es in Interlaken nur ein chinesisches Restaurant („Bamboo") mit einer Filiale, andererseits haben wir in *Aeschlen*, hoch über dem Thunersee, ein chinesisches Restaurant gefunden, wo allerdings ausser den Inhabern und dem Personal keine Chinesen anzutreffen waren.
- Suchen Chinesen einfach die Gesellschaft von ihresgleichen? Aber dann hätten sie ja gleich zu Hause bleiben können.

2. Gibt es hier ein Verteilungsproblem, und lässt es sich lösen? Nicht jede Ungleichverteilung ist per se schon ein Verteilungsproblem – sie muss vielmehr bemerkt und von den Betroffenen als Ungerechtigkeit wahrgenommen werden. Die Nordsee ist erheblich salziger als die Ostsee, ohne dass die Küstenbewohner der beiden Meere darin eine Ungerechtigkeit sehen (es liesse sich auch schwer ändern). Die Anwohner des Zürcher Flughafens hingegen leiden unter dem Fluglärm, den sie quasi für das Wohl der ganzen Deutschschweiz ertragen müssen, und empfinden ihn als ungerecht – nur kann man Fluglärm aus physikalischen Gründen nicht verteilen. Leiden die Bewohner von *Habkern* unter dem Mangel an oder die von *Interlaken* unter dem Überfluss von Chinesen? Unter einer sozialwissenschaftlichen Perspektive sollten wir im Sinne der Ursachenforschung feststellen, ob und warum das so ist, und Vorschläge erarbeiten, wie man es gegebenenfalls ändern kann. Aber das ist mir für heute Vormittag, kurz vor dem Mittagessen, zu mühsam.

49. Ein Guschti auf dem Dach

Ich habe immer, manchmal von Freunden belächelt, strikt die Meinung vertreten, dass Kühe nicht auf Dächer gehören; selbst wenn „Tier im Recht“ vielleicht der Meinung sein sollte, jedes Tier dürfe hingehen, wo es wolle. Letzte Woche nun hat sich meine Auffassung in radikaler Weise bestätigt: Ein Guschti (so nennt man auf Berndeutsch junge Kühe) ist auf das Dach unseres Geräteschuppens, welcher direkt an den Hang stösst, gestiegen und ist prompt eingebrochen. Wie ich höre, blieb es unverletzt. Wie man es wieder herausbrachte, weiss ich nicht, ich war nicht dabei und habe nur später das Loch im Ziegeldach gesehen, ca. 1 x 2 m gross, die Dachlatten und Ziegel zerbrochen; und daneben ein kleineres Loch, dort hatte es das Guschti wahrscheinlich schon einmal probiert. Ich fühle mich etwas schuldig, habe ich doch zu ihrer Besitzerin, als sie sich am Tag zuvor dafür entschuldigte, dass ihre Guschti wieder einmal durch den Zaun gestiegen waren, gesagt: „Schon in Ordnung, ich bin zufrieden, wenn sie mir nicht aufs Dach steigen.“ Man soll eben über ernste Dinge keine Scherze machen.

Ein solches Ereignis bleibt natürlich nicht ohne Folgen. Schon hat eine Firma aus dem Nachbardorf mir ein Angebot für ein ganz neues Dach unterbreitet, und die Versicherung des Guschti hat geschrieben, wir sollten ein Foto des Loches einschicken und keine Reparaturen vornehmen, bevor nicht ein Experte das Loch angeschaut hat. Offenbar hat die *Axa Winterthur* Spezialisten für von Kühen verursachte Dachschäden.

Ich möchte aber die Gelegenheit nicht verpassen, darauf hinzuweisen, dass Grund- und Hauseigentum so wie jeder Besitz Risiken und Nebenwirkungen einschliessen. So ist jemand, dessen Haus idyllisch am Seeufer liegt, wahrscheinlich daran gewöhnt, dass gelegentlich Seeschwalben im Briefkasten nisten und Kormorane das Dach mit weissen Ornamenten verzieren. Aber sonst dürfte das Dach sicher sein, Seekühe steigen meines Wissens nicht auf Dächer. Er sollte aber auch nicht konsterniert sein, wenn beim grossen Hochwasser ein verirrter Tauchschüler mit Brille, Schnorchel und Flossen die Kellertreppe heraufkommt und durch das Entree watschelt, und ein chinesisches Pärchen im Ruderboot an der Terrasse anlegt und zwei Bier bestellen möchte, Ereignisse, die in *Latterbach* sehr unwahrscheinlich sind. So hat eben jeder Ort seine Vor- und Nachteile.

50. Wurstschlag - eine immer noch unterschätzte alpine Gefahr

Vor vielen Jahren durchstieg ich mit einem Freund die Watzmann Ostwand. Einige hundert Meter über uns ging noch eine andere Partie, aber die Gruppe kletterte sauber und machten keine Steine los. Etwa in der Mitte der 2000 Meter hohen Wand machten wir auf einem Felsband, durch einen kleinen Überhang geschützt, Rast. Plötzlich ertönte über uns der Ruf *„Vorsicht, Wurstschlag!"*, und eine ziemlich grosse Salami schlug in unserer Nähe auf, machte einen kleinen Sprung und verschwand dann, nun auch von unseren Warnrufen begleitet, in der Tiefe. Ob es eine echte italienische Salami war, und um welche Marke es sich gehandelt hat, konnten wir nicht feststellen, alles ging viel zu schnell.

Die Gefährdung durch Wurstschlag wird in der alpinen Literatur weitgehend vernachlässigt, und auch in den Lehrgängen der Bergsteiger-Schulen wird sie meist übergangen. Dabei besitzt eine grosse Wurst durchaus das Potential, erhebliche Verletzungen zu verursachen. Nach unseren Schätzungen besass die Wurst, um die es hier geht, einen Durchmesser von etwa 8 cm und war 15 cm lang; ein solches Stück wiegt gut und gern 500 Gramm. Ein derartiges Objekt erreicht im freien Fall nach 300 Metern eine Fallgeschwindigkeit von etwa 76,5 m/s. Unsere Salami war allerdings mehrfach aufgeschlagen, was die Geschwindigkeit ja stark reduzieren dürfte; nehmen wir einmal an, sie war 30 Meter in der Sekunde schnell. Sie träfe dann immer noch mit furchtbarer Wucht auf, wie sich die geschätzte Leserschaft nach Einsteins berühmter Formel $M1/2\ x\ V^2$ leicht selbst errechnen kann. Man darf wohl mit Recht sagen, dass Wurstschlag immer noch besser ist als Steinschlag, weil Würste (hoffentlich) weicher sind als Steine, anders als Steine in Grösse und Gewicht begrenzt sind, und weil die Wahrscheinlichkeit, dass durch eine einzelne Wurst eine ganze Wurstlawine ausgelöst wird, nicht sehr gross ist; dazu ist die Wurstdichte auch auf vielbegangenen Routen zu gering. Andererseits kann Wurstschlag Steinlawinen auslösen. Zu vernachlässigen ist diese Gefahr also auf keinen Fall.

Wie sollte sich der verantwortungsvolle Bergsteiger/die verantwortungsvolle Bergsteigerin verhalten, um diese Gefahr zu vermeiden? Verschiedene Methoden sind erprobt worden. So kann man die Wurst mit einer kurzen Schnur fixieren, sie also quasi anseilen. Eine andere Möglichkeit besteht darin, die Wurst schon vor Beginn der Tour zu zerschneiden – einzelne Wurstscheiben sind weit weniger gefährlich. Das Ausweichen auf Streichwurst ist eine weitere Möglichkeit, verringert die Gefahr allerdings nur, wenn sie nicht in einem harten und schweren Gefäss mitgetragen wird; bei tieferen Temperaturen verliert sie ausserdem ihre Streichfähigkeit, ein erheblicher Nutzungsnachteil. Letzten Endes muss es dem einzelnen Bergsteiger/der einzelnen Bergsteigerin überlassen werden, welchen Weg er/sie wählt. Ganz auf Wurst zu verzichten und auf Käse auszuweichen hilft nur, wenn es sich um Weichkäse handelt.

Mit diesem Beitrag hoffe ich, eine Diskussion zu eröffnen, die dem Problem die angemessene Beachtung verschafft.

51. Ein Gewissenskonflikt

Bekanntlich erfüllte Immanuel Kant das moralische Gesetz, das er in sich trug, mit ehrfürchtiger Bewunderung (geht mir genauso); aber bei seinem pedantisch geordneten, völlig gleichförmigen Lebenswandel hatte er wohl kaum Gelegenheit zu bemerken, dass gerade dieses Gesetz uns auch in tiefe Konflikte stürzen kann, aus denen nur schwer ein Ausweg zu finden ist. In einer solchen Situation befinde ich mich gerade. Als überzeugter Anwalt und Verteidiger einer gesunden Umwelt habe ich es begrüsst, dass unsere Gemeinde eine ganze Serie von verschiedenfarbigen Müllsäcken entwickelt hat, die es dem verantwortungsvollen Bürger endlich möglich macht, die Abfalltrennung selbst vorzunehmen. Nun sitze ich schon eine geraume Zeit vor zwei Müllsäcken, einer für Rotweinkorken und einer für Weissweinkorken, und halte den Korken einer Rosé-Flasche in der Hand, für den es jedenfalls bisher keinen passenden Sack gibt. In welchen der beiden Säcke soll ich ihn tun? Ich bin ratlos, aber es widerstrebt mir auch, ihn in den Sack für „Restmüll" zu tun, eine Kategorie, der ich seit jeher Misstrauen entgegenbringe. Das wäre ein fauler Ausweg, etwa nach dem Motto: Was ich nicht deklinieren kann, das seh ich als ein Neutrum an. Dabei bin ich in Müllangelegenheiten ja keineswegs unerfahren. Ich habe zum Beispiel gelernt, dass nicht alles, was grün ist, in den Grünkübel gehört; grüne Socken etwa, auch wenn sie noch so grosse Löcher haben, gehören nicht hinein. Allerdings, wer ausser Oberförstern trägt schon grüne Socken?

Ich komme mir töricht und mutlos vor. Shakespeares Hamlet hat diese Situation treffend analysiert:

„So macht Gewissen Feige aus uns allen,

der angeborenen Farbe der Entschliessung

durch diese Rücksicht aus der Bahn gelenkt

wird des Gedankens Blässe angekränkelt,

und Unternehmungen von Mark und Nachdruck verlieren so der Handlung Namen.“

Vielleicht sollte ich mir mit einem Gläschen Wein Mut antrinken – aber auf keinen Fall Rosé!

52. An den Grenzen der Halbbildung

Ich war immer stolz auf meine breite Halbbildung. Auf der einen, sagen wir einmal volkstümlichen Seite reicht sie etwa bis zu *Kim Kardashian,* von der ich zwar weiss, dass es sie gibt, aber nicht, warum sie so bekannt ist; tanzt sie Csárdás auf dem Rollbrett und singt dazu Arien, oder ist sie wahnsinnig reich (immer interessant), oder vernascht sie gerade ihren 6. Ehemann, lauter berühmte Schauspieler, oder gar das alles zusammen ? Ich weiss es nicht. Auf der anderen, sagen wir einmal akademischen Seite reicht sie bis zu den „*Schwarzen Löchern*", bei denen es mir ähnlich wie bei *Kim* geht; wie denn überhaupt die kosmologischen Vorstellungen der modernen theoretischen Physik für mich schwer verständlich sind. Was soll ich mir etwa unter der „Gekrümmten Raumzeit" vorstellen, und warum verwenden sie die alltagssprachlichen Begriffe Raum und Zeit, wenn sie doch damit etwas ganz anderes meinen? Wahrscheinlich bin ich ein Mensch, der, wie es *Immanuel Kant* so liebenswürdig über einen Kollegen gesagt hat, „im anschaulichen Denken recht wohl fortkömmt, dem es aber mit dem abgezogenen Denken nicht so recht gelingen mag" (aus dem Gedächtnis zitiert). Oder, um ein weiteres Beispiel zu erwähnen: Ich habe immer geglaubt, *„H U A W E I !!!"* sei das, was die chinesischen Kinder schluchzend hervorbringen, wenn sie sich wehgetan haben. Erst kürzlich habe ich gelernt (Zeitungslesen bildet), dass es sich um eine Lieblingsfirma der Trump-Administration handelt. Immerhin, mit China lag ich richtig.

Aber wie dem auch sei, ich war mit meinem Bildungsstand ganz zufrieden, bis ich am letzten Samstag die Zeitung „*Der Bund*" in die Hand nahm. Dort behauptete *Otto Waalkes*, heute wisse doch jeder, was mit seiner Wortprägung „*Schniedelwutz"* gemeint sei. Nun, ich wusste es nicht, und Annelies wusste es auch nicht, äusserte aber eine Vermutung, „weil es so tönt".

Ich habe es dann gegoogelt. Danach wusste ich es (Annelies lag richtig), war aber ziemlich verunsichert. Ich bin zwar nicht der Schüler *Wagner* in *Goethes* „Faust" („... zwar weiss ich viel, doch möcht ich alles wissen ..."), aber was jeder wusste, sollte ich doch wohl auch wissen! Ich schämte mich, bis mir nach nächtelangem Grübeln die Erleuchtung kam: Die Aussage „weiss doch jeder" – sehen wir einmal von der sexistischen Formulierung ab – konnte, wenn wir die dreiwertige Logik einmal ausser Acht lassen, richtig oder falsch sein. Da „jeder", so ohne Einschränkung formuliert, wohl „alle Menschen" bedeuten sollte, mich also einschloss, ich es aber nicht wusste, war sie offensichtlich falsch, und über eine falsche Behauptung musste ich mir keine Gedanken machen! Seither schlafe ich wieder gut.

Wie, lieber Leser und liebe Leserin, Sie wissen auch nicht, was ein *Schniedelwutz* ist? Also, da müssen Sie sich schon selbst drum kümmern.

53. Der Förster - ein Prototyp des abendländischen Menschen ?

Neulich sah ich am Fernsehen, wie „die höchste Fichte der Schweiz" – sie stand in der Graubündner Gemeinde *Luven*, war ca. 260 Jahre alt und 48 Meter hoch – gefällt wurde. Das geschehe aus Sicherheitsgründen, der Baum sei erkrankt und nicht mehr zu retten gewesen, hiess es. Dieses Geschehen wirft ein Schlaglicht auf einen kaum diskutierten Sachverhalt: das Bild des Försters.

Das Bild des Försters wird in unserer Kultur in der Literatur verklärt und in Heimatfilmen („Der Förster im Silberwald") romantisch überhöht. Einfach und edel, grün gekleidet und von seinem treuen Hund begleitet, zieht er in dieser Vorstellung durch den geliebten Wald, und sein ganzes Sinnen und Trachten ist darauf gerichtet (ausser er hat gerade Probleme mit einem weiblichen Wesen), ihn und das darin lebende Wild (herzige junge Rehe, edle Hirsche und grimmige Wildschweine) vor Schaden zu bewahren. Dieses Bild ist nicht ganz falsch, aber auch nicht ganz richtig (ich kann das beurteilen, denn es gab mehrere Forstleute in unserer Familie, zuletzt einen Grossvater): Der Förster trägt, wie Angehörige anderer Berufe allerdings meist auch, zwei Seelen in seiner Brust. Während er, sagen wir einmal mit dem rechten Auge, einen schönen Baum liebevoll betrachtet, dadurch sein „limbisches System" aktiviert und bewundernde Gefühle erlebt, setzt sein linkes Auge ein Netzwerk intelligenter Informationsverarbeitung („parieto-frontales Integrationssystem der Intelligenz") in Betrieb, welches blitzschnell den Wert des gefällten Baumes bei den aktuellen Holzpreisen berechnet, sowie die Chancen, dass diese in nächster Zeit steigen oder fallen werden, und somit die Entscheidung, ob man den Baum fällen oder noch stehen lassen soll. Und so ist der Förster auch ein Urtyp des kapitalistischen Unternehmers (sehen wir einmal von den echten Finanzhaien ab, denen alles ausser dem Profit gleichgültig ist): Er liebt sein Unternehmen und die durch dessen Betrieb erzeugten vielfältigen Werte, und zugleich muss es – das ist ja auch eine Bedingung von dessen Existenz – Gewinn erzielen, und er will das auch, er ist stolz auf den Gewinn. Und so könnte man vielleicht daran zweifeln, dass diese höchste Fichte von *Luven* nur aus Sicherheitsgründen gefällt wurde; vielleicht wollte man sie auch umsägen, solange ihr Holz noch etwas wert war.

„Aber so denken wir doch alle!“, ruft Annelies, und das stimmt wohl. Wir sind zwar nicht alle Förster, tragen aber doch, wahrscheinlich von Natur aus und zugleich kulturell bedingt, diese zwei Seelen in uns. Der Förster als Prototyp des abendländischen Menschen? Irgendwie ist mir dicser Gedanke auch nicht ganz angenehm. Ich muss noch darüber nachdenken.

54. Über das zielführende Gespräch mit Einbrechern

Obwohl Einbrüche bei uns recht häufig sind, haben wir doch selten Gelegenheit, mit den Tätern ins Gespräch zu kommen; daher fühlen wir uns ungeübt und hilflos, wenn wir einmal einem Einbrecher gegenüberstehen. Dabei wäre eine angemessene Kommunikation gerade in dieser Situation dringend erwünscht, ist sie doch für beide Seiten peinlich; das Ziel sollte für die meisten von uns, die keine Polizisten sind, doch wohl sein, eine gewaltsame Eskalation zu vermeiden und den Einbrecher ohne Beute zum Abzug zu bewegen. Das folgende Realbeispiel, das mir von einer befreundeten Kollegin berichtet wurde (ihre Schwester war betroffen), ist geradezu mustergültig. Das Gespräch wurde auf Berndeutsch geführt.

Die junge Frau kommt nach Hause. Die Tür ist nicht abgeschlossen, ein junger Mann kniet in ihrer Wohnung am Boden und wühlt in der Kommode.

Sie: *Dir, was machet ihr da?* (Obwohl das ganz offensichtlich ist, gibt sie ihm die Gelegenheit, die Situation als weniger spannungsvoll zu definieren.)

Er (steht auf): *Ich ha wöue ibräche.* (Er ist ja schon drin, die Tat des Einbrechens ist vollendet, aber er definiert sie als blosse Absicht.)

Sie: Das dörfet dir nid, da wärdet dir bestraft. (Sie geht auf seine Definition ein, die Lage entspannt sich, noch ist ja nichts geschehen!)

Er: Meinet dir? (Jetzt gibt er sich unwissend über die Bedeutung eines Einbruches.)

Sie: Da bini ganz sicher. (Sie geht wieder auf ihn ein, behandelt ihn als naiv und harmlos, der Einbruch ist nun zu einer theoretischen Möglichkeit geworden.)

Er: Ja, de wotti lieber ga. (Dankbar benutzt er nun die Gelegenheit zum Rückzug).

Sie: Ja, machet das. Adieu! (Er verlässt die Wohnung ohne Beute. Beide fühlen sich erleichtert.)

Auf den ersten Blick wirkt dieser Dialog schwachsinnig, wenn nicht geradezu surrealistisch; erst die tiefer schürfende kommunikationswissenschaftliche Analyse offenbart das dahintersteckende Raffinement. Und keine der beteiligten Personen ist zu Schaden gekommen. Aber nicht alle Menschen besitzen eine derartige kommunikative Begabung. Da der Einbruch heute zu den häufigen Ereignissen des Grossstadtlebens gehört, sollte das Gespräch mit Einbrechern (für beide beteiligte Parteien!) wenigstens in Kursen der Volkshochschulen geübt werden.

55. Zum Mitnehmen - gratis !

Als ich neulich gemütlich durch unser Quartier schlenderte, stand ich mit einem Mal vor einem Elefanten. Ich hätte ihn eigentlich schon vorher bemerken können, denn er war ca. 1 ½ Meter hoch, entsprechend dick aber, wie ich durch diskretes Klopfen herausfand, hohl. Er bestand aus irgendeiner dünnen, festen Substanz, die ich nicht näher identifizieren konnte, denn er war überall schön bemalt; die Stosszähne waren wohl aus Holz. Um den Hals trug er ein Schild mit der Aufschrift „Gratis. Zum Mitnehmen". Ich war sehr in Versuchung, ihn mitzunehmen (wäre gar nicht so einfach gewesen!), denn ich liebe Elefanten. Aber er war einfach zu gross für unsere Wohnung. So muss es also bei den aus Thailand stammenden holzgeschnitzten Elefanten auf dem Wohnzimmerregal, der grössere ist etwa 15 cm hoch, bleiben.

Die Praxis, Dinge, die man nicht mehr benötigt im Sinne einer „Ökonomie des Teilens" einfach auf die Strasse zu stellen, hat sich seit einiger Zeit sehr verbreitet; das ist ja auch wirklich sehr praktisch. Als Student habe ich mir die Einrichtung für mein erstes unmöbliertes Zimmer noch im Brockenhaus gekauft; heute würde ich einfach ein paar Tage durch die Strassen gehen und bekäme binnen kurzem eine komplette Einrichtung zusammen – die ich im Falle eine Umzuges, das ist der Clou dabei, auf die entsprechende Art auch wieder loswerden würde; wahrscheinlich ist das viel billiger und kräfteschonender als alle Sachen mühsam in die neue Wohnung zu transportieren. Und tatsächlich findet man heute so gut wie alles, was man zum Wohnen braucht, in Einzelteilen auf der Strasse, man muss nur etwas Geduld haben, auswählen und zusammenstellen: neben allen Arten von Möbeln auch Kücheneinrichtungen und Geschirr, Bücher, ältere Radios, gelegentlich auch einmal einen (leeren) Käfig für den Kanarienvogel. Diesen muss man sich allerdings im Tierheim holen, denn lebende Tiere stellt man bei uns aus Gründen des

Tierschutzes nicht einfach so hinaus, im Gegensatz zu den Gebräuchen in Süditalien, wo wir einmal einen zum Mitnehmen an einem Zaun festgebundenen, herzigen Hund gesehen haben; er wäre sehr gern mitgekommen. Leider mussten wir verzichten, der Import in die Schweiz wäre zu kompliziert gewesen.

Was mich besonders interessiert: Welche Kategorie von Büchern (ich habe übrigens auch zu viele) möchten die Leute gerne loswerden? Also habe ich kurz in einige Kartons hineingeschaut. Ich erwartete, es würde sich um Klassiker (wer liest heutzutage noch *Goethe* und *Schiller*?) und die ständig wachsende Produktion beliebter Erfolgsautorinnen wie *Nora Roberts, Tess Gerritsen* oder *Hera Lind* („Familiensagas") handeln (einige dieser Frauen verdächtige ich, eine Art von Literaturfabrik zu betreiben). Aber weit gefehlt, es gibt dort alle Arten von Büchern, von A (Autobiographien) über B (Bildbände) bis Z (Zivilgesetzbuch). Besonders viele Fremdsprachen-Lehrbücher scheinen nicht mehr benötigt zu werden, wir Schweizer sind ja alle schon mehr- bis vielsprachig. In einem Karton fand ich sogar „Dr. Hans Jürgen Eysenck: Intelligenztest"! Gut, dass er das nicht mehr erleben muss.

Auch in unserem Haushalt gibt es so manches, das wir nicht mehr benötigen. Zum Beispiel sammeln sich sowohl bei Annelies als auch bei mir im Kleiderschrank immer mehr einzelne Socken an, deren Partner Schäden aufwiesen und deshalb weggeworfen wurden (wer stopft heutzutage noch Strümpfe? In meiner Kindheit war das weit verbreitet). Wir werden sie demnächst, zusammen mit einem Schild *„Gratis! Guterhaltene Einzelstücke. Zum Mitnehmen!"* auf den Gartenzaun hängen, auf jede Spitze einen Strumpf. Auf Nachbars neuen Gartenzaun mit den schönen Spitzen wohlgemerkt, unserer eignet sich nicht so gut dafür. Die werden weggehen wie warme Semmeln.

56. Pharmapoetik - ein neues Tätigkeitsfeld für Philologen

Wer sich dem Studium der Sprachwissenschaften (Philologie) zugewendet hatte, dem standen nach Studienabschluss bisher nur wenige Berufsfelder offen. Ausser der wissenschaftlichen Laufbahn, die naturgemäss nur wenigen Hochqualifizierten Aussichten bot, gab es insbesondere für Altphilologen noch die Laufbahn als Gymnasiallehrer/in. Den AbsolventInnen neusprachlicher Fächer standen daneben noch die Tätigkeiten als DolmetscherInnen und ÜbersetzerInnen sowie diverse Beschäftigungen in der Publizistik und im Verlagswesen offen. Umso mehr ist es zu begrüssen, dass sich in den letzten Jahren mit der *Pharma-Poetik* eine neue, vielversprechende, gut bezahlte und angesehene Laufbahn eröffnet hat. An mehreren renommierten Hochschulen ist inzwischen Pharma-Poetik als eigenständiges Studienfach im Rahmen der Germanistik eingeführt worden.

Die pharmazeutische Industrie hat in den letzten Jahren eine beachtliche Entwicklung erfahren. Herkömmlichen Medikamenten, die ja meist recht teuer sind, werden nach Ablauf der Patentfrist immer neue Geschwister zur Seite gestellt, die sogenannten *Generika,* welche im Prinzip genau dasselbe enthalten und bewirken, aber im Preis günstiger sind. Inzwischen gibt es schon Generika 5. Ordnung, das heisst Generika von Generika von Generika von Generika vom Originalmedikament. Alle diese Erzeugnisse brauchen *Namen* und *Beipackzettel.* Deren Erfindung und Gestaltung ist das Arbeitsgebiet der Pharma-Poeten.

Gute Namen sind für den Erfolg eines Medikamentes entscheidend. Der Name soll zunächst einmal wissenschaftlich-geheimnisvoll klingen. In der abendländischen Kultur hat sich dafür das Griechische und Lateinische eingebürgert. Auch griechisch-lateinische

Mischwörter kommen gut an. Dabei kommt es aber durchaus auch auf den Wohlklang an wie, um ein Beispiel aus dem Reich der Technik heranzuziehen, der Sieg des Namens *Automobil* über die bedeutungsgleiche Bezeichnung *Ipsokinet* deutlich zeigt. In der Pharmazie ist es sinnvoll, wenn der Name zugleich auf einen Grundbestandteil des Medikamentes hinweist, weshalb Studierende der Pharma-Poetik Pharmazie oder Chemie als Nebenfach belegen sollten.

Für die Patienten ergibt sich dabei, quasi als Nebeneffekt, ein kostenloses Training der sog. „fluiden Intelligenz", müssen sie doch immer wieder neue Namen lernen, die mit den gewohnten keinerlei Ähnlichkeit besitzen. Wieso heisst, um ein Beispiel zu bringen, das gewohnte *Pradif* nun mit einem Mal *Tamsolosin*, wieso ist aus *Coaprovel* plötzlich *Irbesartan* geworden? Aber da hilft kein Grübeln und kein Streuben, man muss einfach umlernen.

Eine weitere Aufgabe für Pharma-Poeten ist das Dichten der Texte für die gesetzlich vorgeschrieben Beipackzettel. Das wird nach der Länge der Texte, gemessen an der Anzahl Wörter, bezahlt und kann deshalb recht lukrativ sein. Der Text beginnt mit der Standard-Aufforderung an den Benutzer, „den folgenden Text aufmerksam zu lesen", was man dem Leser dann aus Gründen, auf die wir noch zurückkommen, möglichst erschwert: die „Norm der mittleren Schwierigkeit" (kurz: *Schwierigkeitsnorm*). Sie ist erfüllt, wenn die Hälfte der Patienten es gerade schafft, den Text zu bewältigen, die andere Hälfte aber dabei scheitert und sich dann vielleicht in der Apotheke Rat holt. Dieses Ziel kann mit mehreren Mitteln erreicht werden, die meist gemeinsam eingesetzt werden. Zunächst einmal wird der Text mit Fachbegriffen gespickt, die in möglichst lange Sätze eingebaut werden; eingestreute einfach Passagen („nicht in Reichweite von Kindern aufbewahren") machen dem Leser immer wieder Mut. Zweitens wird der gesamte Text so in die Länge gezogen, dass normale Leser nahezu einen Vormittag benötigen, um ihn zu bewältigen. Bei dem

Beruhigungsmittel „*Temesta*“ etwa umfasst allein der deutsche Text ca. 3700 Wörter, der Beipackzettel ist ca 60 cm lang. Zum Vergleich: Schillers „Glocke“ umfasst ca. 2500 Wörter Schliesslich wird das Ganze möglichst klein gedruckt, sodass die Schrift auch mit Hilfe einer Lupe nur schwer zu entziffern ist; Schriftgrössen von Millimeter-Bruchteilen sind die Norm. Besonders die älteren Patienten sprechen darauf gut an.

Was aber ist der Zweck der Schwierigkeitsnorm? Ganz einfach: Die Patienten sollen die Wirkung eines Medikamentes überschätzen und innere Widerstände dagegen entwickeln, es abzusetzen. Je mehr Mühe sie darauf verwendet haben, die Packungsbeilage durchzuarbeiten, desto frustrierender wäre ja die Erkenntnis, dass das alles umsonst war. Lieber verändern sie die Wahrnehmung des Effektes: Das ergibt sich ganz klar aus *Leon Festingers* vielfach bestätigter *„Theorie der kognitiven Dissonanz“* (1957). Und so haben Erkenntnisse der klassischen Sozialpsychologie spät, aber sehr wirkungsvoll eine neue Anwendung gefunden, ein Ergebnis, das dazu ermutigen sollte, die interdisziplinäre Vernetzung weiter voranzutreiben (Pharma-Psychologie?). Jene Patienten aber, die den Text nicht bewältigt haben, werden den Fehler bei sich selbst suchen.

So hat sich Pharma-Poetik heute als zukunftsträchtiger Berufszweig etabliert.

57. Wie man rechts und links unterscheiden kann

Bevor der berühmte englische Admiral *Horatio Nelson* einen Befehl gab, pflegte er in ein kleines Notizbuch zu blicken, das er immer bei sich trug. Als ihn an Bord seiner Flaggschiffes *Viktoria* in der Schlacht von Trafalgar eine tödliche Kugel traf, sahen seine neugierig gewordenen Offiziere nach, was denn dort festgehalten war. Sie fanden nur einen einzigen Eintrag: *Steuerbord ist rechts, und backbord ist links!* Dieses Beispiel zeigt, dass rechts und links Grundkategorien der menschlichen Orientierung sind. Aber es ist gar nicht so leicht, sie zu lernen.

Es war ein schöner Frühsommer-Sonntag, mein Vater sass mit Freunden vor dem Haus, und ich überlegte, ob ich in der Sandkiste mit meiner jüngeren Schwester spielen sollte, mit dem Risiko, gekratzt zu werden (das machte sie manchmal) oder lieber die von meinem älteren Bruder Christian (Ehre sei, wem Ehre gebührt) entdeckte Dach-Tour machen sollte: auf das Dach des Geräteschuppens klettern, von dort aus kam man leicht auf das Dach des Schweinestalls, mit grossartiger Aussicht, und vom Dachboden des Schweinestalls über das Dach des Hühnerstalls wieder in den Park absteigen, was die Hühner immer fürchterlich aufregte. Aber vielleicht würde Vati mir das dann verbieten, weil er es gefährlich fand (die Erwachsenen finden ja vieles gefährlich, auch wenn es kinderleicht ist). Da rief er mich zu sich und bat mich, schnell hinauf ins Elternschlafzimmer zu laufen und ihm aus dem Kleiderschrank ein Taschentuch zu holen. „Aber der Schrank ist so gross, er geht ja über die ganze Wand, wie soll ich es da finden“ fragte ich. „Mach die linke Schranktür auf, dann liegen die Taschentücher gerade vor Deiner Nase“. „Was heisst linke Tür“ fragte ich (damals vielleicht 5 Jahre alt). „Ach so“ sagte Vati. „Mach einmal die Arme ganz breit. So, jetzt zeigt der rechte Arm auf das Dorf, dort ist rechts, und der linke Arm zeigt auf das Seebruch, dort ist links.“

Ich wiederholte „rechts das Dorf, links das Seebruch“ und ging hinauf ins Schlafzimmer. Aber dort stand ich vor einem neuen Problem: der Kleiderschrank stand ganz anders, nämlich in Richtung Hof-Park! Ich dachte eine Weile nach, dann stellte ich mich mit ausgebreiteten Armen so hin, dass mein rechter Arm auf das Dorf, der linke auf das Seebruch zeigte, und drehte mich dann langsam um, so dass ich gerade vor dem Schrank stand. Jetzt wusste ich, die linke Tür war dort, wo der Park war, und da waren auch die Taschentücher.

„Danke! Das hat aber eine Weile gedauert“ meinte Vati, als ich ihm das Tuch brachte. „Ja, der Schrank stand aber nicht zwischen Dorf und Seebruch, sondern zwischen Hof und Park“ erwiderte ich. „Und was hast Du da gemacht?“ Ich erklärte ihm mein Vorgehen, und er meinte, da hätte ich aber eine gute Lösung gefunden; auch seine Freunde nickten beifällig, einer hat sogar geklatscht.- Seither weiss ich immer wo rechts und links ist, jedenfalls wenn ich die Arme ausbreiten kann.
Nelson hätte eben schon als Kind lernen sollen, wo Backbord und wo Steuerbord sind.

58. Der Einbrecher auf der Fuchsdecke

Vor vielen Jahren – ich war damals etwa 6 Jahre alt – hatte unsere Familie gerade das Mittagessen beendet, als es Alarm gab: In der Wohnung meiner Grosseltern (die wir „Ota“ und“ Ona“ nannten) - sie lag im anderen Flügel unseres geräumigen Gutshauses - war ein Einbrecher!

Mein Vater begab sich sofort hinüber, ich folgte ihm. Vor der Tür des Damenzimmers (es gab wie auch bei uns zwei Wohnzimmer, ein elegant möbliertes „Damenzimmer“ und ein “Herrenzimmer“ mit schweren Eichenmöbeln, in dem es nach Zigarrenrauch roch) – hatten sich schon einige Leute versammelt, darunter auch meine beiden Onkel, die erheblich jünger als mein Vater waren. Auch im Garten vor dem Fenster standen zwei Männer, unser Chauffeur und der Gärtner. Ich verdrückte mich unauffällig in den Hintergrund, damit ich nicht weggeschickt wurde, wie es bei interessanten Ereignissen leider manchmal geschah.

Die Tür zum Damenzimmer war abgeschlossen. Mein Vater klopfte kräftig dagegen und rief: „Kommen Sie heraus, das Zimmer ist umstellt, Ihre Lage ist aussichtslos!“ Es verging eine Weile, dann öffnete sich die Tür und heraus kamen ein Dienstmädchen, das bei Ona arbeitete, und ein junger Mann aus dem Dorf; sie waren auffallend rot im Gesicht. Ona stürzte in das Zimmer und rief anklagend: „Auf meiner Fuchsdecke!“, und meine beiden Onkel brachen in ein lautes Gelächter aus und wiederholten, was sie gerufen hatte. Auch einige der anderen Männer grinsten, mein Vater war wie immer beherrscht, und ich verstand gar nichts. – Der Spruch „Auf meiner Fuchsdecke!“ war danach in der Familie bei manchen Gelegenheiten immer mal wieder zu hören.

Erst Jahrzehnte später hörte ich, dass es ein zu diesem Ereignis passendes Gedicht gibt:

„Would you like to sin

with Elinor Glyn

on a Tiger-Skin?

Or would you prefer

To err with her

On some other fur?“

Onas Fuchsdecke war mindestens so gut wie ein Tigerfell.

59. Das ist kein Schlusswort !

Das sind jetzt schon ziemlich viele unnötige Geschichten, deshalb habe ich sie einmal in einem Dokument zusammengefasst. Aber das bedeutet nicht, dass ich nicht künftig damit fortfahren werde, so etwas zu schreiben!

Die Welt bleibt nach wie vor merkwürdig, manchmal schön, manchmal rätselhaft, manchmal auch komisch, und ich werde nicht aufhören mir darüber Gedanken zu machen. Manchmal ist die Welt auch schrecklich, auch das bemerke ich natürlich, habe dazu aber lieber nichts geschrieben, weil ich das Schreckliche nicht verdoppeln möchte. – Also, vielleicht gibt es einmal eine zweite derartige Zusammenstellung!

-.-.-.-.-.-